キャラ絵で学ぶ！

江戸の暮らしと文化図鑑

えどのくらしとぶんかずかん

伊藤賀一《いとうがいち》・監修《かんしゅう》
いとうみつる・絵
千羽《せんば》ひとみ・文

すばる舎

はじめに

『江戸《えど》の暮《く》らしと文化《ぶんか》』って、スゴイんだよ！

みんな知ってる？

令和《れいわ》のいまよりも、よっぽど国《こく》連《れん》のＳＤＧｓ《エスディージーズ》（持続可能《じぞくかのう》な開発《かいはつ》目標《もくひょう》）に近づいていた感じが、江戸時代《じだい》の日本《にほん》にあったんだよ。

身分制社会《みぶんせいしゃかい》とはいえ、お互《たが》いを必要《ひつよう》とし、それぞれの役割《やくわり》を認《みと》め合《あ》っていた武士《ぶし》と農民《のうみん》・町人《ちょうにん》。もちろん貴族《きぞく》やお坊《ぼう》さんもいる。

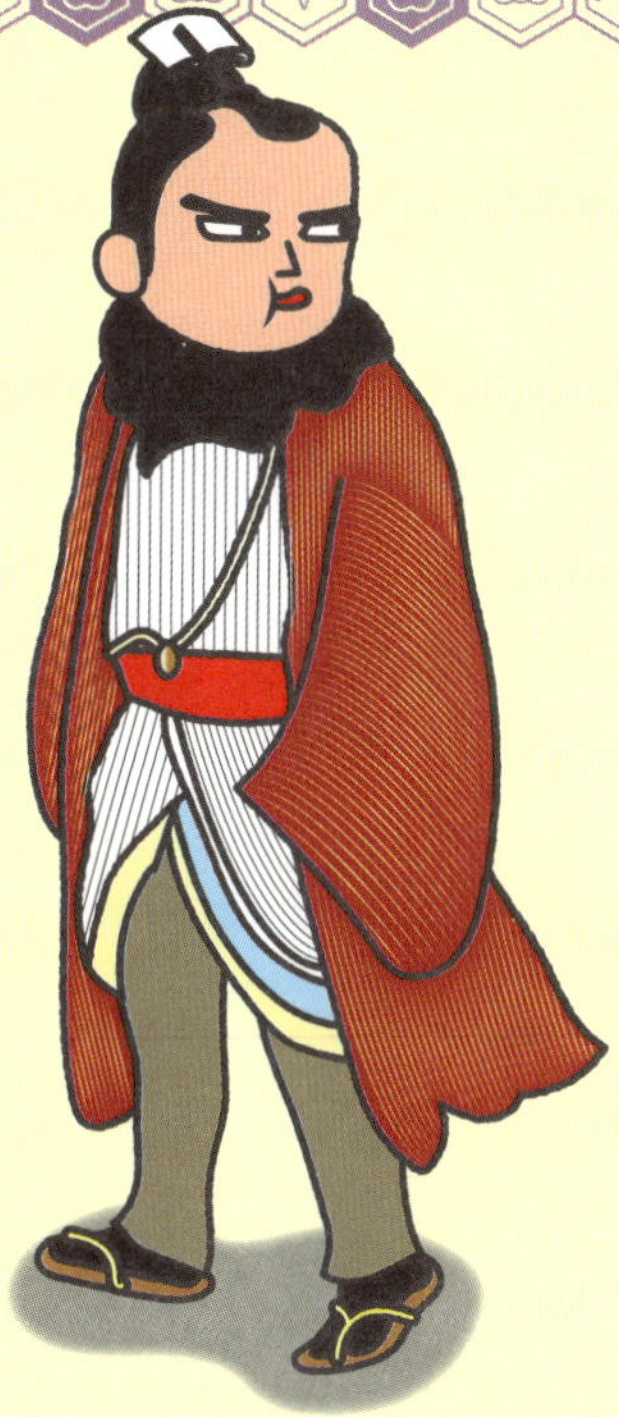

外国《がいこく》との付《つ》き合《あ》いがいまよりは全然《ぜんぜん》少《すく》なかった島国《しまぐに》の日本だけど、みんなで独自《どくじ》の文化を育てたんだ。

本やテレビやネットなどで見たことないかな？

着物《きもの》・ちょんまげ・かんざしといったファッション。寿司《すし》・てんぷら・そばに代表《だいひょう》されるお手軽《てがる》フード。歌舞伎《かぶき》・相撲《すもう》・浮世絵《うきよえ》などのわくわくするエンタメ！

それらの中心《ちゅうしん》になったのが、江戸・大坂《おおさか》・京都《きょうと》の「三都《さんと》」だ。特《とく》に江戸は、なんと人口《じんこう》100万人以上《まんにんいじょう》！　世界一《せかいいち》の大都市《だいとし》だったんだ。整《ととの》った上水道《じょうすいどう》に、さかんなリサイクル。美しい星空《ほしぞら》に広々《ひろびろ》とした海。活気《かっき》のある川や河岸《かし》……などなど。

この本で、すごさと楽しさを感じてみてくださいね！

伊藤賀一《いとうがいち》

キャラ絵で学ぶ！

江戸《えど》の暮《く》らしと文化図鑑《ぶんかずかん》 もくじ

第1章 江戸《えど》と江戸文化《ぶんか》の基礎知識《きそちしき》

第2章 江戸城《えどじょう》と武士《ぶし》たちの暮《く》らし

第3章

江《え》戸《ど》庶《しょ》民《みん》の暮《く》らし

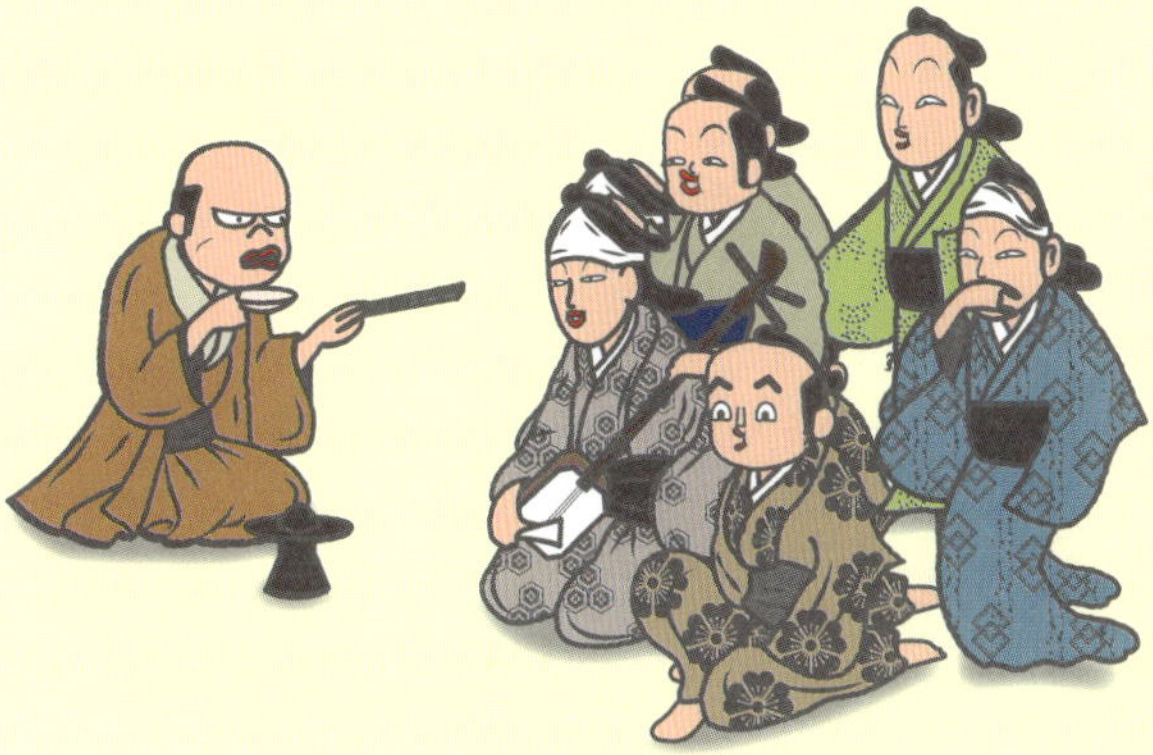

第4章 庶民《しょみん》が生んだ江戸《えど》の文化《ぶんか》・化政《かせい》文化

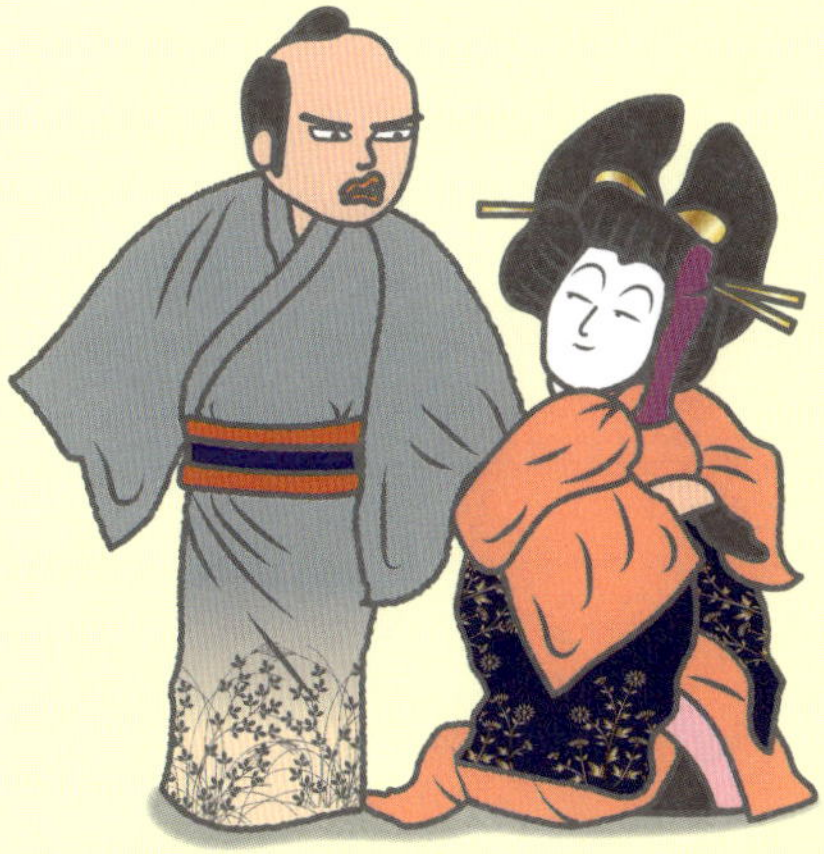

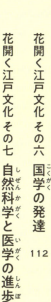

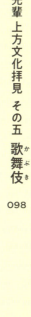

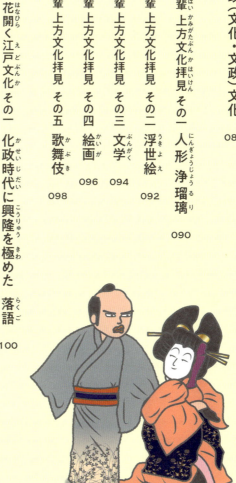

第5章 江戸文化《えどぶんか》の大輪《たいりん》の花・浮世絵《うきよえ》と蔦屋重三郎《つたやじゅうざぶろう》

知っとコーナー

知っとコーナースペシャル

ナビ・キャラクターは
おいら、「い組のちび辰《たつ》」が
務めさせていただくぜ！

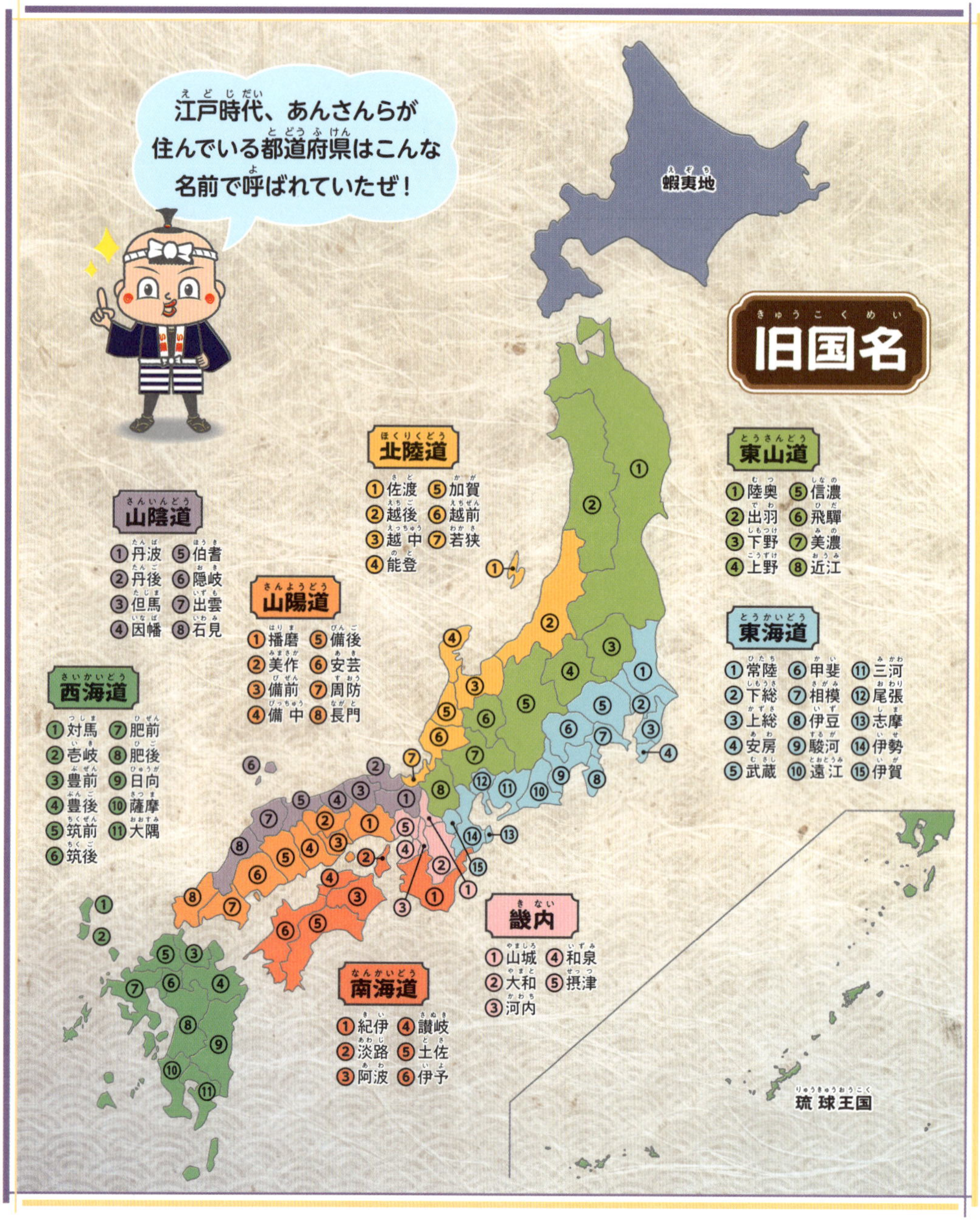

江戸時代《えどじだい》、あんさんらが
住んでいる都道府県《とどうふけん》はこんな
名前で呼《よ》ばれていたぜ！
旧国名《きゅうこくめい》
蝦夷地《えぞち》
北陸道《ほくりくどう》
①佐渡《さど》 ⑤加賀《かが》
②越後《えちご》 ⑥越前《えちぜん》
③越中《えっちゅう》 ⑦若狭《わかさ》
④能登《のと》
東山道《とうさんどう》
①陸奥《むつ》 ⑤信濃《しなの》
②出羽《でわ》 ⑥飛驒《ひだ》
③下野《しもつけ》 ⑦美濃《みの》
④上野《こうずけ》 ⑧近江《おうみ》
山陰道《さんいんどう》
①丹波《たんば》 ⑤伯耆《ほうき》
②丹後《たんご》 ⑥隠岐《おき》
③但馬《たじま》 ⑦出雲《いずも》
④因幡《いなば》 ⑧石見《いわみ》
山陽道《さんようどう》
①播磨《はりま》 ⑤備後《びんご》
②美作《みまさか》 ⑥安芸《あき》
③備前《びぜん》 ⑦周防《すおう》
④備中《びっちゅう》 ⑧長門《ながと》
東海道《とうかいどう》
①常陸《ひたち》 ⑥甲斐《かい》 ⑪三河《みかわ》
②下総《しもうさ》 ⑦相模《さがみ》 ⑫尾張《おわり》
③上総《かずさ》 ⑧伊豆《いず》 ⑬志摩《しま》
④安房《あわ》 ⑨駿河《するが》 ⑭伊勢《いせ》
⑤武蔵《むさし》 ⑩遠江《とおとうみ》 ⑮伊賀《いが》
西海道《さいかいどう》
①対馬《つしま》 ⑦肥前《ひぜん》
②壱岐《いき》 ⑧肥後《ひご》
③豊前《ぶぜん》 ⑨日向《ひゅうが》
④豊後《ぶんご》 ⑩薩摩《さつま》
⑤筑前《ちくぜん》 ⑪大隅《おおすみ》
⑥筑後《ちくご》
畿内《きない》
①山城《やましろ》 ④和泉《いずみ》
②大和《やまと》 ⑤摂津《せっつ》
③河内《かわち》
南海道《なんかいどう》
①紀伊《きい》 ④讃岐《さぬき》
②淡路《あわじ》 ⑤土佐《とさ》
③阿波《あわ》 ⑥伊予《いよ》
琉球王国《りゅうきゅうおうこく》

第1章

江戸《えど》と江戸文化《ぶんか》の基礎知識《きそちしき》

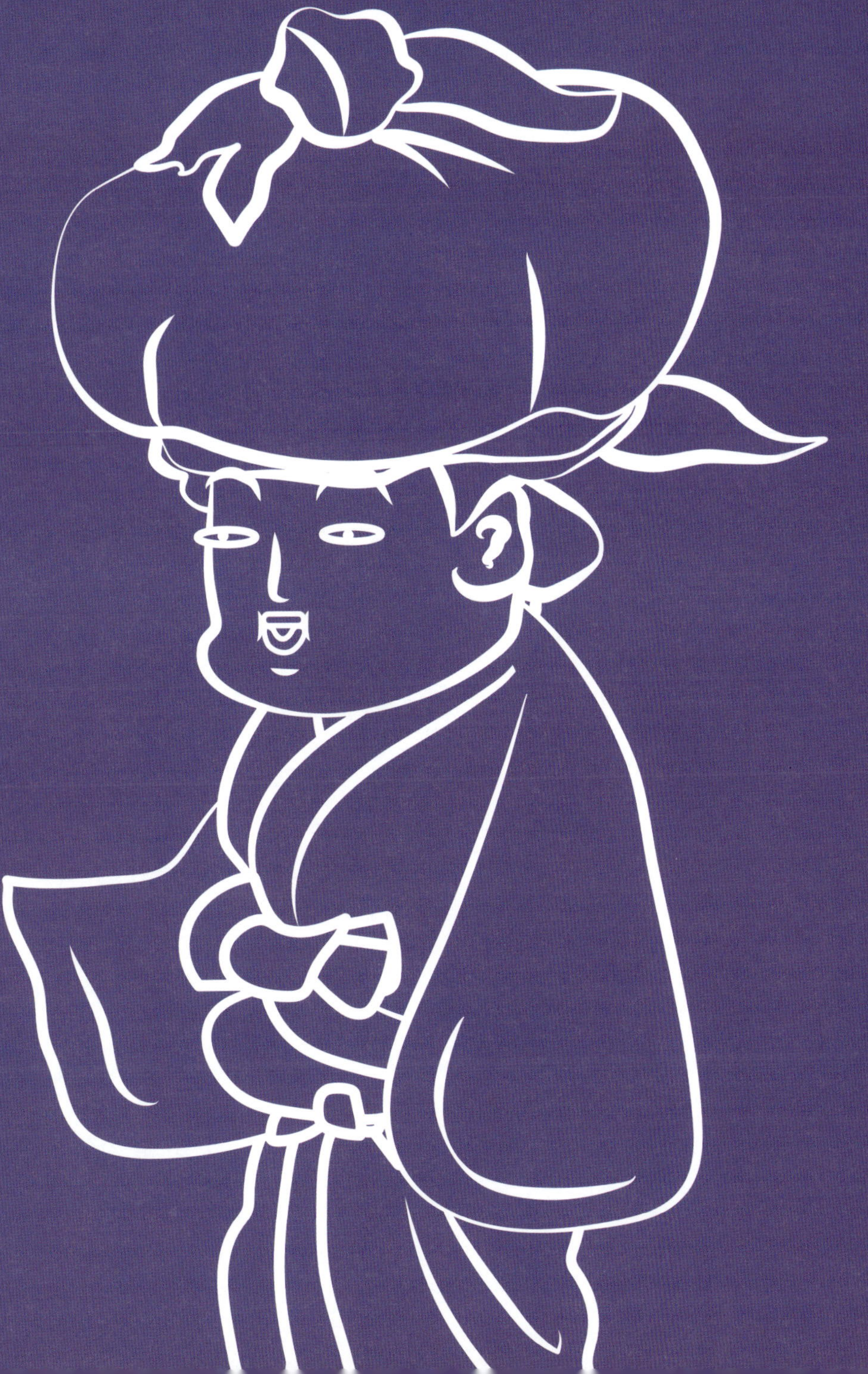

江《え》戸《ど》時《じ》代《だい》ってどんな時代？

日本史上初《にほんしじょうはじ》めて文化《ぶんか》の主役《しゅやく》が庶民《しょみん》になった時代だよ

「江戸時代」とは、関ケ原《せきがはら》の合戦《かっせん》で勝利《しょうり》した徳川家康《とくがわいえやす》が今の東京《とうきょう》、つまりは江戸に幕府《ばくふ》を開いてから、最後《さいご》の将軍《しょうぐん》・徳川慶喜《よしのぶ》が政治《せいじ》を天皇《てんのう》にお返しするまでの265年間《ねんかん》のことをいいます。大坂《おおさか》冬の陣《じん》・夏の陣（1614～15年）や、島原《しまばら》の乱《らん》（1637～38年）を除《のぞ》けば大きな争《あらそ》いはなく、平和《へいわ》でおだやかな時代でした。

この平和のもと、農機具《のうきぐ》や農業《のうぎょう》技術《ぎじゅつ》が発展《はってん》し、作物《さくもつ》の豊《ゆた》かな実《みの》りが期待《きたい》できるようになりました。生活《せいかつ》が楽になる

江戸時代のおもな出来事《できごと》

元号《げんごう》	西暦《せいれき》	将軍《しょうぐん》	おもな出来事《できごと》	文化
慶長《けいちょう》8	1603	家康《いえやす》	徳川家康征夷大将軍《とくがわいえやすせいいたいしょうぐん》に。江戸幕府《えどばくふ》を開《ひら》く 出雲阿国《いずものおくに》、京都《きょうと》でかぶき踊《おど》りを始《はじ》める（98ページ）	
慶長10	1605	秀忠《ひでただ》	徳川秀忠　2代《だい》将軍になる	
慶長17	1612		幕府が幕府の領地《りょうち》でのキリスト教を禁止《きんし》する	
慶長19	1614		大坂《おおさか》冬の陣《じん》起こる	
元和《げんな》元《がん》	1615		大坂夏の陣《じん》起こる。豊臣氏滅亡《とよとみしめつぼう》 幕府、武家諸法度《ぶけしょはっと》・禁中 並《きんちゅうならびに》公家諸法度《くげしょはっと》を定《さだ》める	
寛永《かんえい》8	1631	家光《いえみつ》	奉書《ほうしょ》（許可証《きょかしょう》）を持った船以外《いがい》の海外渡航《かいがいとこう》を禁止《きんし》する	寛永期《かんえいき》の文化《ぶんか》（1624～1644年）
寛永12	1635		鎖国令《さこくれい》により、日本人の渡航が禁止される 参勤交代《さんきんこうたい》が制度化《せいどか》される	
寛永14	1637		島原《しまばら》の乱《らん》起こる	
明暦《めいれき》3	1657	家綱《いえつな》	江戸で明暦の大火《たいか》起こる	
延宝《えんぽう》元《がん》	1673		三井高利《みついたかとし》が江戸に越後屋呉服店《えちごやごふくてん》を開《ひら》く（32ページ） 初代坂田藤十郎《さかたとうじゅうろう》、上方《かみがた》で和事《わごと》を演じる（98ページ） 初代市川団十郎《しょだいいちかわだんじゅうろう》、江戸で荒事《あらごと》を演《えん》じる（106ページ）	
貞享《じょうきょう》4	1687	綱吉《つなよし》	このころ生類憐《しょうるいあわれ》みの令《れい》出される	
元禄《げんろく》2	1689		松尾芭蕉《まつおばしょう》『おくの細道《ほそみち》』の旅に出発《しゅっぱつ》	元禄文化《げんろくぶんか》（1688～1704年）
元禄15	1702		赤穂浪士《あこうろうし》・大石良雄《おおいしよしお》らが吉良義央《きらよしなか》を討《う》つ	
元禄16	1703		近松門左衛門《ちかまつもんざえもん》の『曾根崎心中《そねざきしんじゅう》』初演《しょえん》される	
宝永《ほうえい》6	1709	家宣《いえのぶ》	新井白石登用《あらいはくせきとうよう》	
正徳《しょうとく》5	1715	家継《いえつぐ》	長崎貿易《ながさきぼうえき》を制限《せいげん》（金銀《きんぎん》の海外流出《かいがいりゅうしゅつ》を防《ふせ》ぐ）	
享保《きょうほう》元《がん》	1716	吉宗《よしむね》	徳川吉宗8代将軍に。享保の改革始《かいかくはじ》まる	

ことで経済《けいざい》も発展《はってん》し、豊かになった庶民《しょみん》の手により、将軍のおひざ元《もと》・江戸を舞台《ぶたい》に花《はな》開《ひら》いたのが、江戸文化《ぶんか》です。

浮世絵《うきよえ》や俳句《はいく》、歌舞伎《かぶき》といった分野《ぶんや》には才能《さいのう》ある人たちが続々《ぞくぞく》と現《あらわ》れ、寿司《すし》やそば、てんぷらといった日本が誇《ほこ》る食《しょく》文化《ぶんか》も、この時代に誕生《たんじょう》したり、一般化《いっぱんか》しています。日本《にほん》橋《ばし》や浅草《あさくさ》といった今もなお私《わたし》たちを引《ひ》きつけてやまない繁《はん》華街《かがい》がにぎわいを見せ始《はじ》めたのも、この時代。

江戸時代や江戸文化は、令《れい》和《わ》の今日《こんにち》になってもなお、私たちの暮《く》らしや社会《しゃかい》の基礎《きそ》となっているのです。

文化	年号	西暦	将軍	出来事
	享保5	1720	吉宗《よしむね》	江戸大火《えどたいか》。町火消《まちびけ》し「いろは47組（のちに48組）」設置《せっち》
	享保6	1721		吉宗、目安箱《めやすばこ》を置《お》き、庶民《しょみん》の声を聞く。小石川薬園設置《こいしかわやくえんせっち》
	享保17	1732		享保の飢饉《ききん》起こる
	寛延元《かんえんがん》	1748	家重《いえしげ》	竹本座《たけもとざ》で『仮名手本忠臣蔵《かなてほんちゅうしんぐら》』初演《しょえん》
宝暦《ほうれき》・天明期《てんめいき》の文化《ぶんか》（1751〜1789年）	宝暦《ほうれき》7	1757		平賀源内《ひらがげんない》、江戸湯島《えどゆしま》で薬品会《やくひんえ》（物産展《ぶっさんてん》）を開く
	安永元《あんえいがん》	1772	家治《いえはる》	田沼意次《たぬまおきつぐ》が老中《ろうじゅう》になる
	安永3	1774		前野良沢《まえのりょうたく》・杉田玄白《すぎたげんぱく》らが『解体新書《かいたいしんしょ》』を出版《しゅっぱん》
	安永5	1776		平賀源内《ひらがげんない》がエレキテルを復元《ふくげん》
	安永8	1779		しゃれ本《ぼん》・黄表紙《きびょうし》が生まれる
	天明《てんめい》7	1787	家斉《いえなり》	松平定信《まつだいらさだのぶ》が老中になる。寛政の改革始《かいかくはじ》まる（18ページ）
	寛政《かんせい》10	1798		本居宣長《もとおりのりなが》『古事記伝《こじきでん》』完成《かんせい》
	享和《きょうわ》2	1802		十返舎一九《じっぺんしゃいっく》『東海道中膝栗毛《とうかいどうちゅうひざくりげ》』出版
化政《かせい》（文化《ぶんか》・文政《ぶんせい》）文化《ぶんか》（1804〜1830年）	文化元《ぶんかがん》	1804		ロシア使節《しせつ》レザノフ長崎《ながさき》に。貿易《ぼうえき》を求《もと》める
	文政《ぶんせい》4	1821		伊能忠敬《いのうただたか》「大日本沿海輿地全図《だいにほんえんかいよちぜんず》」を完成（116ページ）
	文政7	1824		ドイツ人医師《いし》・シーボルト、長崎に鳴滝塾《なるたきじゅく》を開《ひら》く（114ページ）
	天保《てんぽう》2	1831		このころ葛飾北斎《かつしかほくさい》「富嶽三十六景《ふがくさんじゅうろっけい》」刊行《かんこう》（138ページ）
	天保4	1833		歌川広重《うたがわひろしげ》「東海道五十三次《とうかいどうごじゅうさんつぎ》」刊行（140ページ）
	天保6	1835		このころこっけい本《ぼん》・人情本《にんじょうぼん》が流行（102ページ）
	天保8	1837	家慶《いえよし》	大塩平八郎《おおしおへいはちろう》の乱《らん》起こる
	天保12	1841		水野忠邦《みずのただくに》による天保の改革始まる（20ページ）
幕末期《ばくまつき》の文化《ぶんか》（1853〜1867年）	嘉永《かえい》6	1853	家定《いえさだ》	浦賀《うらが》にアメリカ軍司令官《ぐんしれいかん》・ペリー来航《らいこう》
	嘉永7	1854		日米和親条約調印《にちべいわしんじょうやくちょういん》
	安政《あんせい》5	1858	家茂《いえもち》	井伊直弼《いいなおすけ》、大老《たいろう》になる。日米修好通商条約《にちべいしゅうこうつうしょうじょうやく》が結《むす》ばれる
	安政6	1859		安政の大獄《たいごく》。吉田松陰《よしだしょういん》らが死刑《しけい》に
	安政7	1860		桜田門外《さくらだもんがい》の変《へん》、起こる。井伊直弼暗殺《あんさつ》
	文久《ぶんきゅう》2	1862		皇女《こうじょ》・和宮《かずのみや》、徳川家茂と結婚《けっこん》
	元治元《げんじがん》	1864		蛤《はまぐり》御門《ごもん》の変《へん》起こる
	慶応《けいおう》2	1866		薩長同盟《さっちょうどうめい》成立
	慶応3	1867	慶喜《よしのぶ》	大政奉還《たいせいほうかん》。徳川慶喜、政権《せいけん》を朝廷《ちょうてい》に返上《へんじょう》 王政復古《おうせいふっこ》の大号令《だいごうれい》が出される

5つに分《わ》かれる江戸《えど》文化《ぶんか》

江戸文化は、「寛永期《かんえいき》の文化」「元禄《げんろく》文化」「宝暦《ほうれき》・天明期《てんめいき》の文化」「化政《かせい》文化」「幕末期《ばくまつき》の文化」に分けられるよ

265年の長きにわたった江戸時代。人びとの考えや好《この》み、文化の表情《ひょうじょう》も変《か》わっていきます。この時代、最初《さいしょ》に花開《はなひら》いたのが「寛永《かんえい》期の文化」（1624～44年）です。

徳川綱吉《とくがわつなよし》が5代将軍《だいしょうぐん》を務《つと》めた元禄期《げんろくき》（1688～1704年）ごろに、上方《かみがた》と呼《よ》ばれる京都《きょうと》や大坂《おおさか》で日《に》本史上初《ほんしじょうはじ》めて、裕福《ゆうふく》な町《ちょう》人《にん》が文化の担《にな》い手となりました。これこそが、「元禄《げんろく》文化《ぶんか》」です。

江戸が中心《ちゅうしん》となった最初《さいしょ》の文化が、「宝《ほう》暦《れき》・天明期《てんめいき》の文化」です。9代将軍・家重《いえしげ》から10代・家治《いえはる》が世《よ》を治《おさ》めた宝暦・天明期（1751～1789年）にかけて生まれた文化で、側用人《そばようにん》※・田沼意次《たぬまおきつぐ》のもと、貨幣《かへい》による経済が大《おお》いに発達《はったつ》し、その恩恵《おんけい》を受《う》けた武《ぶ》士《し》や町人たちの間《あいだ》から浮世絵本《うきよえぼん》などの多彩《たさい》な文化が生まれました。

※側用人……江戸幕府《ばくふ》で将軍の側《そば》に仕《つか》え、将軍と老中《ろうじゅう》らをつなぐ役目《やくめ》をする人のこと

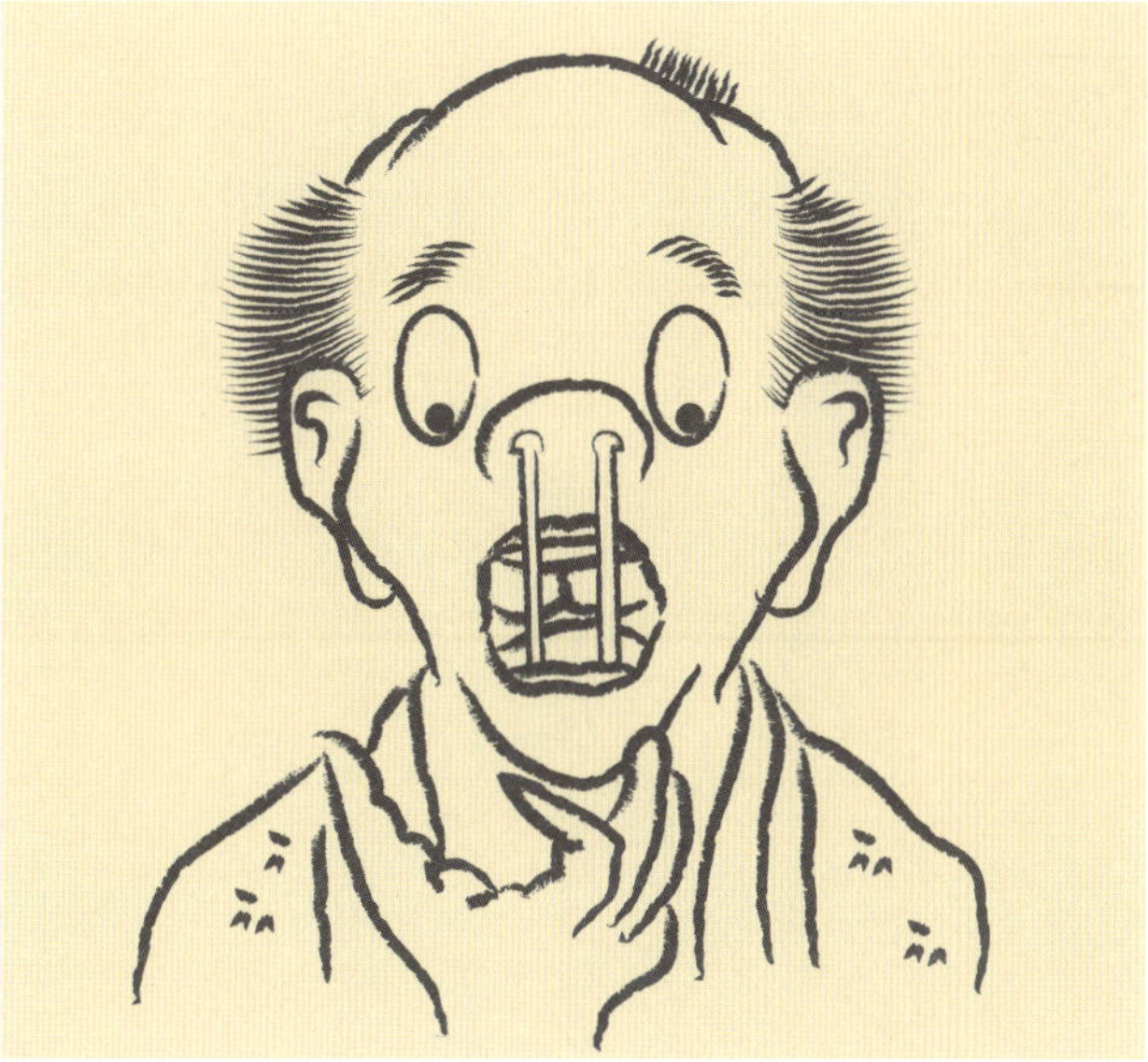

「化政《かせい》文化」は、11代将軍・家斉《いえなり》の長い治世《ちせい》を背景《はいけい》に、文化《ぶんか》・文政期《ぶんせいき》（1804～1831年）ごろに起《お》こった文化です。浮世絵には葛飾北斎《かつしかほくさい》や歌川広重《うたがわひろしげ》、文学《ぶんがく》には十返舎一九《じっぺんしゃいっく》などが次々《つぎつぎ》と登場《とうじょう》し、庶民《しょみん》が中心《ちゅうしん》の江戸文化のまさに最盛期《さいせいき》。上方文化との融合《ゆうごう》も進み、地《ち》方《ほう》にも文化の波が広がっていきました。

江戸文化の最後《さいご》の華《はな》、「幕末期《ばくまつき》の文化」は、神奈川《かながわ》の浦賀沖《うらがおき》にアメリカ軍司令官《ぐんしれいかん》・ペリーが来航《らいこう》、慶応《けいおう》3（1867）年の大政奉還《たいせいほうかん》にいたるまでの激動期《げきどうき》に生まれた文化のこと。

安政《あんせい》2（1855）年の安政江戸大地震《おおじしん》や開国《かいこく》などの、社会の不安定化《ふあんていか》を背景《はいけい》に、浮世絵は報道《ほうどう》のための「瓦《かわら》版《ばん》」となり、開国で初めて目にした西洋人《せいようじん》の暮《く》らしぶりを描《えが》く「横浜《よこはま》絵《え》」などに姿を変えていったのです。

史上初《しじょうはじ》めて江戸《えど》が文化《ぶんか》の中心《ちゅうしん》に！
宝暦《ほうれき》・天明期《てんめいき》の文化

上方《かみがた》から始まった元禄文化《げんろくぶんか》
それが徐々《じょじょ》に下《くだ》って、やがて
江戸の富裕層《ふゆうそう》が文化の担《にな》い手に

元禄期《げんろくき》（1688～1704年）を中心《ちゅうしん》に、上方《かみがた》（近畿地方《きんきちほう》の京都《きょうと》や大坂《おおさか》）で花開《はなひら》いたのが元禄文化。文化の発生源《はっせいげん》が上方から宝暦・天明期《き》（1751～1789年）に江戸へと移《うつ》ったのには、側用人《そばようにん》・老中首座《ろうじゅうしゅざ》※の田沼意《たぬまおき》次《つぐ》の存在《そんざい》がありました。

9代将軍《だいしょうぐん》・家重《いえしげ》に仕《つか》え、10代将軍・家治《いえはる》の時代《じだい》に側用人として老中にもなった田沼の時代、幕府《ばくふ》の財政《ざいせい》は赤字《あかじ》におちいっていました。そこで田沼は、商業《しょうぎょう》を重《おも》んじる経済にかじを切ったのです。

商人《しょうにん》や職人《しょくにん》に株仲間《かぶなかま》というグループを作ることを認《みと》め、商品《しょうひん》の生産や仕入《しい》れ、販売《はんばい》の独《どく》占《せん》を許《ゆる》しました。こうすることで、運上《うんじょう》・冥《みょう》加金《がきん》という税金《ぜいきん》を新《あら》たに取れるようにしたのです。さらにはオランダへの銅《どう》などの輸出《ゆしゅつ》を盛《さか》んにし、貨幣《かへい》の価値《かち》を、両《りょう》・分《ぶ》・朱《しゅ》という単位《たんい》に統一《とういつ》しようとしました。

こうして、商品の生産や販売《はんばい》などで豊《ゆた》かになった江戸の武士《ぶし》や町人たちの間《あいだ》で見事《みごと》に花開いたのが、「宝暦・天明期の文化」だったのです。

上方で平安朝《へいあんちょう》の昔《むかし》から親《した》しまれた和歌《わか》は、こっけいな味《あじ》わいが加《くわ》わった狂歌《きょうか》となり、俳《はい》句《く》もまた、こっけいさを特徴《とくちょう》とする川柳《せんりゅう》になりました。浮世絵《うきよえ》は色数《いろかず》が増《ま》して錦絵《にしきえ》（93ページ）となり、町で評判《ひょうばん》の美人《びじん》や歌舞伎役《かぶきやく》者《しゃ》の姿《すがた》などに変《か》わっていきます。さらには庶《しょ》民《みん》向《む》けの娯楽本《ごらくぼん》が数多《かずおお》く出版《しゅっぱん》されるようになったのです。

※老中首座……老中の中でもっとも上級《じょうきゅう》な老中のこと。現在《げんざい》だと総理大臣《そうりだいじん》にあたる

宝暦《ほうれき》・天明文化期《てんめいぶんかき》ごろのおもな出来事《できごと》

明和2	1765	鈴木春信《すずきはるのぶ》が色鮮《いろあざ》やかな浮世絵《うきよえ》（錦絵《にしきえ》）を発表《はっぴょう》
安永元	1772	側用人《そばようにん》・田沼意次《たぬまおきつぐ》、老中《ろうじゅう》となる
安永3	1774	杉田玄白《すぎたげんぱく》ら、『解体新書《かいたいしんしょ》』を発表
安永3	1774	浅間山《あさまやま》がふん火《か》
安永5	1776	平賀源内《ひらがげんない》がエレキテルを復元《ふくげん》
天明2	1782	天明のききん始《はじ》まる
天明6	1786	田沼意次、老中をやめさせられる
天明7	1787	松平定信《まつだいらさだのぶ》が老中首座《しゅざ》になり「寛政の改革」始《はじ》まる
寛政3	1791	山東京伝《さんとうきょうでん》のしゃれ本《ぼん》が発売禁止《はつばいきんし》に
寛政6	1794	東洲斎写楽《とうしゅうさいしゃらく》の錦絵が販売《はんばい》される

わいろはよくねえことだろうがよ、田沼のダンナに俺心《おれごころ》（私心）はなく、政策《せいさく》は合理的《ごうりてき》と、近《ちか》ごろ評判《ひょうばん》が高まってやがるんだぜ！

汚職政治《おしょくせいじ》の主人公《しゅじんこう》に私心《ししん》※なし？

田沼意次《たぬまおきつぐ》
（1719〜1788年）

農業《のうぎょう》が国の経済運営《けいざいうんえい》の基本《きほん》であるとする「重農主義《じゅうのうしゅぎ》」から、商品《しょうひん》の生産《せいさん》や流通《りゅうつう》を中心《ちゅうしん》とする「重商主義《じゅうしょう》」に大変換《だいてんかん》させたのが田沼。この改革《かいかく》は江戸《えど》の商人《しょうにん》たちに活躍《かつやく》の場《ば》を提供《ていきょう》することになりましたが、同時《どうじ》にわいろの横行《おうこう》も招《まね》きました。そんな時代《じだい》に東日本《ひがしにほん》の町や村をおそったのが「天明《てんめい》のききん」と浅間山《あさまやま》のふん火《か》でした。農村《のうそん》では百姓一揆《ひゃくしょういっき》が、都市部《としぶ》では「打《う》ちこわし」が多発《たはつ》し、責任《せきにん》を問われた田沼は幕府《ばくふ》での力を失《うしな》って引退《いんたい》してしまいます。入《い》れ替《か》わるように登場《とうじょう》したのが松平定信《まつだいらさだのぶ》（19ページ）。清廉潔白《せいれんけっぱく》※なぶん、他人《たにん》に厳《きび》しい松平に田沼は「盗賊同然《とうぞくどうぜん》」とののしられ、所領《しょりょう》※は没収《ぼっしゅう》※の上、蟄居《ちっきょ》※の身《み》に。とはいえ、没収された屋敷《やしき》からは、「チリ一つ出なかった」と言われたほど、財産《ざいさん》はなにも持っていませんでした。

※私心……自分《じぶん》の利益《りえき》だけを考える心　※清廉潔白……こころが清《きよ》らかでよこしまな気持ちを一切《いっさい》持《も》たないこと　※所領……自分が持《も》っている土地《とち》のこと　※没収……犯罪者《はんざいしゃ》の持ちものをうばう罰《ばつ》のこと　※蟄居……家に閉《と》じこもり、外へ出ないこと

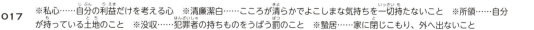

江戸《えど》文化《ぶんか》の大輪《たいりん》の花
化政文化《かせいぶんか》

文化の担《にな》い手は一気《いっき》に町人《ちょうにん》に　庶民《しょみん》が作った庶民の文化が「化政《かせい》文化」だ！

田沼時代《たぬまじだい》はいいことばかりではありませんでした。町では汚職《おしょく》などのずるいことがたくさん行《おこな》われていたのです。これをどうにかしようとしたのが、白河藩《しらかわはん》（福島県《ふくしまけん》白河市）からやってきて老中首座《ろうじゅうしゅざ》になった松平定信《まつだいらさだのぶ》。天明《てんめい》7（1787）年に「寛政《かんせい》の改革《かいかく》」を始《はじ》めて農業《のうぎょう》に力を入れ、汚職やぜいたくを取《と》り締《し》まりました。ところがあまりの厳《きび》しさに民衆《みんしゅう》からの不満《ふまん》が続出《ぞくしゅつ》。「白河の　清《きよ》きに魚《うお》の　住みかねて　もとのにごりの　田沼恋《こい》しき（白河出身《しゅっしん》の定信の政治《せいじ》が厳しすぎる。不正《ふせい》はあってもあの田沼時代《じだい》が恋しい）」という狂歌《きょうか》まで詠《よ》まれたほどです。

寛政の改革が始まった年に11代将軍《だいしょうぐん》となった家斉《いえなり》は、わずか6年で定信をクビにした後《あと》は改革をあきらめ、政治よりも大奥《おおおく》（50ページ）での女性《じょせい》たちとの毎日《まいにち》や、ぜいたく三昧《ざんまい》の暮《く》らしを好《この》みました。奥《おく》さんの寔子《ただこ》以外《がい》にもなんと40人もの側室《そくしつ》※を抱《かか》えたほど。大奥での暮らしも華《はな》やかさを極《きわ》め、幕府《ばくふ》の財《ざい》政《せい》を苦《くる》しめました。こうした楽しい生活《せいかつ》をよしとする空気《くうき》のなかで花開《はなひら》いたのが、「化政《かせい》文化」だったのです。

社会《しゃかい》の上層部《じょうそうぶ》が浮《う》かれれば、庶民《しょみん》も浮かれます。人びとの間《あいだ》に日々《ひび》の暮らしを楽しもうという考えが生まれ、浮世絵《うきよえ》では葛飾北斎《かつしかほくさい》が「富嶽三十六景《ふがくさんじゅうろっけい》」を発表《はっぴょう》、富士山《ふじさん》の絵で魅《み》了《りょう》し、出版《しゅっぱん》では『東海道中膝栗毛《とうかいどうちゅうひざくりげ》』の弥次《やじ》さん喜多《きた》さんが旅ごころを刺激《しげき》しました。寿《す》司《し》やてんぷらも、この時代に生まれています。

※側室……力のある人やお金持ちがそばに置《お》いた女性《じょせい》のこと

化政文化期《かせいぶんかき》ごろのおもな出来事《できごと》

寛政9	1797	蔦屋《つたや》重三郎《じゅうざぶろう》死去《しきょ》（124・126ページ）
享和2	1802	十返舎一九《じっぺんしゃいっく》『東海道中膝栗毛《とうかいどうちゅうひざくりげ》』発表《はっぴょう》
文化3	1806	宝暦《ほうれき》・天明期《てんめいき》に美人画《びじんが》で一世《いっせい》を風靡《ふうび》した喜多川歌麿《きたがわうたまろ》死去
文化10	1813	式亭三馬《しきていさんば》『浮世床《うきよどこ》』発表
文政8	1825	4代目《だいめ》鶴屋南北作《つるやなんぼくさく》『東海道四谷怪談《とうかいどうよつやかいだん》』上演《じょうえん》
文政13	1830	このころ葛飾北斎《かつしかほくさい》が「富嶽三十六景《ふがくさんじゅうろっけい》」を発売
天保4	1833	このころ歌川広重《うたがわひろしげ》が「東海道五十三次《とうかいどうごじゅうさんつぎ》」発売
		天保《てんぽう》のききん始《はじ》まる
天保12	1841	老中《ろうじゅう》・水野忠邦《みずのただくに》、「天保《てんぽう》の改革《かいかく》」始める

老中をやめさせられた松平のダンナ、それでも幕府には松平の改革《かいかく》を支持《しじ》した仲間《なかま》がいっぱい。自分《じぶん》が火の粉《こ》をかぶることで改革を断行《だんこう》したとも言われているぜ！

まじめで不運《ふうん》な改革者《かいかくしゃ》

天明《てんめい》3（1783）年の、浅間山《あさまやま》（群馬《ぐんま》・長野県《ながのけん》）で起《お》こった大噴火《だいふんか》は、「天明のききん」をさらに悪化《あっか》させました。ききんとは、米や作物《さくもつ》が取れなくなり、食べ物がなくなることです。白河藩主《しらかわはんしゅ》だったころ、このききんで傾《かたむ》いた藩《はん》の財政《ざいせい》を建《た》て直《なお》したことから幕府《ばくふ》にスカウトされ、老中《ろうじゅう》になったのが定信。まじめを絵に描《か》いたような人物《じんぶつ》で、老中になった時には、「自分《じぶん》と妻子《さいし》の命にかけて農民《のうみん》や町民《ちょうみん》が困《こま》らないようにする」という誓《ちか》いの文を捧《ささ》げたほど。

その言葉《ことば》どおり、田沼意次《たぬまおきつぐ》の重商主義《じゅうしょうしゅぎ》（17ページ）から経済《けいざい》の基礎《きそ》は農業《のうぎょう》にあるという重農主義《じゅうのうしゅぎ》に政策《せいさく》を変《か》え、「寛政《かんせい》の改革《かいかく》」を行《おこな》いますが、将軍《しょうぐん》・家斉《いえなり》や大奥《おおおく》と対立《たいりつ》。わずか6年でクビになってしまいました。

松平定信《まつだいらさだのぶ》
（1759〜1829年）

激動《げきどう》の時代《じだい》が生んだあだ花《ばな》 幕末期《ばくまつき》の文化《ぶんか》

**天災《てんさい》でぐらつく徳川幕府《とくがわばくふ》
そんな幕府に追《お》い討《う》ちをかけたのが
浦賀沖《うらがおき》へのペリーの来航《らいこう》でした**

天保《てんぽう》12（1841）年、50年以上《いじょう》にわたって幕府の中心《ちゅうしん》だった元《もと》11代将軍《だいしょうぐん》・家斉《いえなり》が世を去ります。長年《ながねん》にわたるぜいたくざんまいで底《そこ》をついた財政《ざいせい》を建《た》て直そうと、「天保の改革《かいかく》」を行ったのが老中首座《ろうじゅうしゅざ》の水野忠邦《みずのただくに》です。

ところが水野が行った改革は、「田沼時代《たぬまじだい》が恋《こい》しい」と江戸庶民《しょみん》を嘆《なげ》かせた寛政《かんせい》の改革（18ページ）をしのぐ厳《きび》しいものでした。

大奥《おおおく》で人気《にんき》だった金銀を使った小袖《こそで》（着《き》物《もの》）やくし、かんざしなどを使用禁止《しようきんし》にしたばかりか、傘《かさ》や扇《おうぎ》、下駄《げた》など庶民が使う店までもがぜいたくを理由《りゆう》に財産《ざいさん》を取り上げられる罰《ばつ》を受けたほど。寄席《よせ》や芝居小屋《しばいごや》なども閉《へい》鎖《さ》させられ、物価《ぶっか》をおさえるために、職人《しょくにん》や使用人《しようにん》の給金《きゅうきん》を下げる命令《めいれい》まで出されました。

商人《しょうにん》は商品《しょうひん》の質《しつ》や量《りょう》を落とさざるを得《え》ず、江戸ではおとうふのサイズが小さくなったと言われています。

こんな厳《きび》しい改革が、人びとに受け入れられるわけがありません！

天保の改革は2年ほどで残念《ざんねん》な結果《けっか》に終わりますが、そこに嘉永《かえい》6（1853）年のペリー来航《らいこう》と、安政《あんせい》2（1855）年の「安政江戸大地震《おおじしん》」が追《お》い討《う》ちをかけます。

こうした社会《しゃかい》の不安《ふあん》を背景《はいけい》に、浮世絵《うきよえ》は風《ふう》俗画《ぞくが》から報道的《ほうどうてき》なものに。安政5（1858）年に幕府が日米修好通商条約《にちべいしゅうこうつうしょうじょうやく》で開国《かいこく》してからは、横浜《よこはま》での貿易《ぼうえき》の様子《ようす》や、外国人《がいこくじん》たちのめずらしい服装《ふくそう》や風俗《ふうぞく》を描《えが》いた「横浜絵《よこはまえ》」が出版《しゅっぱん》されるようになりました。

幕末文化期《ばくまつぶんかき》ごろのおもな出来事《できごと》

嘉永6	1853	ペリーが神奈川浦賀沖《かながわうらがおき》に来航《らいこう》
安政2	1855	安政江戸大地震発生《あんせいえどおおじしんはっせい》を瓦版《かわらばん》が速報《そくほう》
安政3	1856	歌川広重《うたがわひろしげ》「名所江戸百景《めいしょえどひゃっけい》」を発売《はつばい》
安政6	1859	横浜港開港《よこはまこうかいこう》。「横浜絵《よこはまえ》」が発売される
文久3	1863	緒方洪庵《おがたこうあん》（110ページ）死去《しきょ》
慶応3	1867	最後《さいご》の将軍《しょうぐん》・15代《だい》将軍・徳川慶喜《とくがわよしのぶ》が政治《せいじ》を天皇《てんのう》に返上《へんじょう》（大政奉還《たいせいほうかん》）

水野《みずの》のダンナ、のちに老中《ろうじゅう》に返《かえ》り咲《ざ》いたけどショックでいつもぼーっとしていて、「木偶人御同様《ぼくぐうじんごどうよう》（木偶《でく》の坊《ぼう》のよう）」と言われる始末《しまつ》よ

使命《しめい》に燃《も》えつきたかなしき権力者《けんりょくしゃ》

水野忠邦《みずのただくに》
（1794～1851年）

11代将軍《だいしょうぐん》・家斉《いえなり》のぜいたくやいい加減《かげん》さにがまんできなかったのが水野です。みずからの手で改革《かいかく》を行わんとの熱意《ねつい》に燃え、手段《しゅだん》は選《えら》ばず、幕府《ばくふ》の権力者《けんりょくしゃ》たちにわいろを贈《おく》ることまでして、ついには老中《ろうじゅう》にまで上りつめます。「遠山《とおやま》の金さん」で知られる町奉行《まちぶぎょう》・遠山景元《かげもと》を用《もち》いたのもこの人。

ぜいたくや物価《ぶっか》をおさえようという理想《りそう》はりっぱでしたが、理想だけでは人びとはついてきません。幕府内《ない》で徐々《じょじょ》に仲間《なかま》を失い、天保《てんぽう》14（1843）年には力をなくしてしまいます。その際《さい》には厳《きび》しい政治《せいじ》をうらんだ江戸《えど》庶民《しょみん》から屋敷《やしき》への襲撃《しゅうげき》を受け、「ふる石や　かわら飛《と》びこむ　水の家《うち》」※という川柳《せんりゅう》が詠《よ》まれたほどでした。

※松尾芭蕉《まつおばしょう》が詠《よ》んだ俳句《はいく》「古池《ふるいけ》や　かわず（カエルのこと）飛《と》びこむ　水の音」にかけている

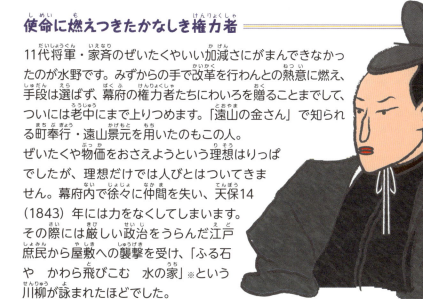

江戸《えど》の2つの顔

家康《いえやす》が築《きず》いた江戸の人口《じんこう》は町人《ちょうにん》1万人《まんにん》に武士《ぶし》50万人 2つの人びとが住む町だったよ

江戸《えど》時代《じだい》には大きな都市《とし》が3つありました。江戸、大坂《おおさか》※、京都《きょうと》のことです。3つの町は「三都《さんと》」と呼《よ》ばれていましたが、中でも江戸はとびきり大きく、大坂・京都が人口40万人ほどだった中、100万人《まんにん》もの人びとを抱《かか》えていました。同時期《どうじき》のパリやロンドン、北京《ペキン》をしのぐ人口だったことから考えても、世界《せかい》一《いち》の大都市《だいとし》であったのです。

江戸100万人の住民《じゅうみん》のうち、およそ50万人と半分《はんぶん》をしめていたのが武士《ぶし》。ですが、当《とう》時《じ》、武士は全国《ぜんこく》3300万人の中でもわずか7%ほど。なぜこれほど多くが江戸に集中《しゅうちゅう》していたかというと、第一《だいいち》には、将軍《しょうぐん》に仕《つか》えた旗本《はたもと》や御家人《ごけにん》※が住んでいたからでした。第二《だいに》には参勤交代《さんきんこうたい》が理由《りゆう》です。「大名《だいみょう》」※は1年おきに領地《りょうち》と江戸で暮らすこと」という幕府《ばくふ》の決《き》まりに従《したが》い、江戸にやってきた大名とその家来《けらい》がたくさんいたからでした。

つまり江戸は武士たちと、その生活《せいかつ》を支《ささ》える職人《しょくにん》や商人《しょうにん》といった町人《ちょうにん》たちが住む、2つの顔を持《も》つ町だったのです。

とはいえ、「武士は食《く》わねど高楊枝《たかようじ》」※のことわざどおり、町のおよそ半分《はんぶん》を占《し》める武士たちは俸禄米《ほうろくまい》という給料《きゅうりょう》をもらうばかりで、生活《せいかつ》が苦《くる》しくても建前上《たてまえじょう》、生産活動《せいさんかつどう》や商売《しょうばい》は行えません。その一方《いっぽう》、町人たちは大手《おおで》を振《ふ》って工業《こうぎょう》や商売《しょうばい》などの生産活動が行えます。身分《みぶん》に縛《しば》られお金に不自由《ふじゆう》する武士階級《かいきゅう》と、豊《ゆた》かさを手にした町人階級。そんな状況《じょうきょう》から、町民中心《ちゅうしん》の文化《ぶんか》が花開《はなひら》いていったのです。

※大坂……現在《げんざい》の大阪《おおさか》の古い書き方。江戸時代にはこう書かれていた　※旗本・御家人……旗本は将軍に直接会《ちょくせつあ》うこともできる家来《けらい》のこと。御家人は同じ家来でも将軍とは直接会うことができない者のこと

華《はな》のお江戸《えど》は世界一《せかいいち》の大都市《だいとし》！

ホントにあったの!?「士農工商《しのうこうしょう》」の区《く》分《わ》け

「士農工商」とは、もっとも身分《みぶん》が高いのが武士《ぶし》、次《つぎ》に農民《のうみん》、そして職人《しょくにん》ときて、最後《さいご》が商人《しょうにん》という意味《いみ》です。もともとは中国《ちゅうごく》の歴史書《れきししょ》にあった言葉《ことば》で、平安時代《へいあんじだい》に作られた『続日本紀《しょくにほんぎ》』でも「すべての民《たみ》」という意味で出てきます。この言葉《ことば》が広く知られるようになったのは明治時代《めいじじだい》。明治政府《せいふ》が江戸の身分制度《みぶんせいど》をやめ、天皇《てんのう》のもと、国民《こくみん》はすべて平等《びょうどう》と「四民平等《しみんびょうどう》」を打ち出してからでした。現在《げんざい》では農民と職人、商人の間《あいだ》に身分の上下《じょうげ》はなかったという研究《けんきゅう》が相次《あいつ》いで発表《はっぴょう》され、今では教科書《きょうかしょ》でも、江戸の身分は武士とその他《た》とされています。

※大名……1万石《まんごく》以上の領地《りょうち》を持《も》つ各地《かくち》の殿《との》さまのこと　※「武士は食わねど高楊枝」……武士たる者は、お金がなくて食べることができなくても、お腹《なか》がいっぱいのように楊枝を高々とくわえて堂々《どうどう》としていなければならないという意味《いみ》

すべての道はお江戸《えど》に通《つう》ず

100万人都市《まんにんとし》を支《ささ》えたのが江戸と全国《ぜんこく》を結《むす》んだ陸路《りくろ》・海路《かいろ》の交通網《こうつうもう》だよ

100万人《まんにん》の人口《じんこう》を抱《かか》えるお江戸の町は、一大消費地《いちだいしょうひち》でもありました。この大《だい》消費地での流通《りゅうつう》を担《にな》ったのが、日本各地《にほんかくち》を結《むす》んだ街《かい》道《どう》と海路《かいろ》です。

街道には日本橋《にほんばし》を始まりとした東海道《とうかいどう》・中《なか》山道《せんどう》・甲州道中《こうしゅうどうちゅう》・日光道中《にっこうどうちゅう》・奥州道中《おうしゅうどうちゅう》の五《ご》街道《かいどう》があり、三都《さんと》（22ページ）をつなぐとともに、脇街道《わきかいどう》と呼《よ》ばれる他《た》の主要道路《しゅようどうろ》とも連《れん》結《けつ》していました。この五街道と脇街道を利用《りよう》して、参勤交代《さんきんこうたい》から飛脚《ひきゃく》による手紙《てがみ》や荷物《にもつ》まで、さまざまな人と情報《じょうほう》が東西《とうざい》を行きかったのです。

港《みなと》と港をつなぐ海路《かいろ》はもっとも重要《じゅうよう》な物《ぶつ》流《りゅう》交通《こうつう》で、東まわり海路・西まわり海路・南《なん》海路の3つがありました。東まわり海路では東北《とうほく》の藩《はん》や幕府《ばくふ》の領地《りょうち》の米が江戸に、西まわり海路では全国《ぜんこく》の産物《さんぶつ》が大坂に、南海路では上方《かみがた》（京都《きょうと》・大坂《おおさか》）の物資《ぶっし》が江戸に運び込《こ》まれました。江戸時代《じだい》の中ごろには、蝦夷地《えぞち》（北海道《ほっかいどう》）の海産物《かいさんぶつ》を運んでいた北前船《きたまえぶね》が西まわり海路を利用して大坂、瀬戸内海《せとないかい》や九《きゅう》州《しゅう》ともつながり、蝦夷地のこんぶやニシンなどが、日本全国《ぜんこく》に流通《りゅうつう》するようになりました。

江戸市内《しない》もまた、あみの目のように広がった川や掘割《ほりわり》（地面《じめん》を掘《ほ》って作った水路《すいろ》）で結《むす》ばれていました。両岸《りょうがん》には河岸《かし》という船着《ふなつ》き場《ば》が設《もう》けられ、魚河岸《うおがし》や浜町《はまちょう》河岸《がし》など、荷《に》揚《あ》げされる物や町名《ちょうめい》をつけて呼《よ》ばれました。周《しゅう》囲《い》には物資《ぶっし》を扱《あつか》う問屋《とんや》が建《た》ち並《なら》び、おおいににぎわっていました。

西から東から、必要《ひつよう》なお荷物《にもつ》を素早《すばや》くお届《とど》け！

江戸時代《えどじだい》まで、日本は「五畿七道《ごきしちどう》」に分かれていました。「五畿」とは京都《きょうと》を取り囲《かこ》む5つの国のことで、「七道（10ページ）」とは、東山道《とうさんどう》、北陸道《ほくりくどう》、東海道《とうかいどう》、山陰道《さんいんどう》、山陽道《さんようどう》、南海道《なんかいどう》、西海道《さいかいどう》の7つの地区《ちく》のことです。五畿七道は街道《かいどう》と海路《かいろ》で結《むす》ばれ、たくさんの人や荷物《にもつ》が行き来していました。

世界《せかい》一《いち》のリサイクル都市《とし》

江戸《えど》は令和《れいわ》の今よりずっとエコ 紙くずやうんちまでリサイクルする 究極《きゅうきょく》のエコ社会《しゃかい》だったよ

現在《げんざい》のようなゴミ焼却炉《しょうきゃくろ》もない中で、100万人《まんにん》もの人びとが暮《く》らしていたのです。そんな江戸《えど》は、徹底《てってい》したリサイクル社会《しゃかい》であり、私たちも見習《みなら》うべき社会でした。

たとえば越後屋《えちごや》などの呉服屋《ごふくや》（32ページ）で着物《きもの》を買えるのは、大名《だいみょう》や旗本《はたもと》など裕福《ゆうふく》な人ばかり。江戸庶民《しょみん》にとり、着物《きもの》は古着屋《ふるぎや》で買うものでした。古着屋でははぎれも扱《あつか》っていましたから、これを襟《えり》や裏地《うらじ》などにして自《じ》分《ぶん》だけの1枚《まい》を作り出していました。

この世界《せかい》で1枚だけの着物は、すり切れて着られなくなるとおむつやぞうきんにされ、最後《さいご》はかまどやお風呂《ふろ》の燃料《ねんりょう》に使われました。燃《も》やしつくされたあとの灰《はい》さえも、酒造《さけづく》りのあく抜《ぬ》きや農業《のうぎょう》、陶器造《とうきづく》りに活用《かつよう》され、文字《もじ》通《どお》りチリ一つ残《のこ》さず徹底的《てっていてき》に使いつくされたのです。

町にはあらゆる種類《しゅるい》の修理屋《しゅうりや》さんがいて、底《そこ》の抜けた鍋《なべ》や釜《かま》、割《わ》れたお茶わんを修理してまわり、紙買いが書き損《そん》じの紙を買い取ってはすき直《なお》し、トイレットペーパーとして使っていました。

生活排水《せいかつはいすい》は敷地《しきち》に備《そな》えた溝《みぞ》から「小下水《しょうげすい》」を通って「大下水《だいげすい》」に行き、そこから堀《ほり》や川に流されました。堀や川は定期的《ていきてき》に底《そこ》にたまったゴミをさらっていましたし、うんちやおしっこは近隣《きんりん》の農家《のうか》が回収《かいしゅう》、肥料《ひりょう》として利《り》用《よう》していました。19世紀《せいき》になっても川にうんちやおしっこが流れていたロンドンと比《くら》べても、江戸は段違《だんちが》いに清潔《せいけつ》な町だったのです。

大江戸《おおえど》リサイクル都市《とし》を支えた人びと

古傘《ふるがさ》買《が》い
古着《ふるぎ》買《が》い
紙《かみ》買《か》い
おちゃない
肥取《こえど》り
「落ちはないか?」といいながら抜《ぬ》けた髪《かみ》の毛を集めたことから「おちゃない」。集めた髪はかもじ(かつら)にするんでえ。

とはいえ、どうしたって出てしまうゴミの行方《ゆくえ》

徹底《てってい》したリサイクル都市《とし》だった江戸の町。そうでなければ町中《まちじゅう》がゴミだらけになってしまう切実《せつじつ》な現実《げんじつ》があるからですが、物の値段《ねだん》のほうが人を使う代金《だいきん》である人件費《じんけんひ》より高かったのも理由《りゆう》でした。物があまりすぎるほど豊富《ほうふ》な現在《げんざい》とは正反対《せいはんたい》の理由《りゆう》が、江戸をリサイクル都市にしたのです。それでもさらった下水《げすい》から出るゴミなど、どうしてもリサイクル仕切《しき》れないゴミもあります。そうしたゴミは、「芥改役《あくたあらためやく》」たちが集めて船で運び、江戸湾《わん》の埋《う》め立《た》てに利用《りよう》していました。永代島《えいたいじま》や越中島《えっちゅうじま》(ともに東京《とうきょう》都《と》江東区《こうとうく》)は、この時代《じだい》にゴミによって造《つく》られた埋め立て地です。

江戸《えど》っ子たちのフトコロ事情《じじょう》

江戸文化《ぶんか》は庶民《しょみん》の文化 そんな文化の担《にな》い手たちのフトコロ事情は……!?

江戸文化の華《はな》・浮世絵《うきよえ》も、俳諧《はいかい》（94ページ）も、庶民《しょみん》の中から生まれ、育《はぐく》まれた文化。そんな江戸の人びとは、「宵越《よいご》しの銭《ぜに》は持たねえ」のが誇《ほこ》り。「その日に稼《かせ》いだお金はその日のうちに使い切るのが粋《いき》（カッコイイ）」という意味《いみ》です。

木造《もくぞう》の建物《たてもの》が密集する江戸では、ひとたび火事《かじ》が起こるとなにもかも焼《も》えつくされてしまうがゆえの生き方《かた》ですが、そんな粋な江戸庶民の中で、もっとも稼ぎがよかったのが大《だい》工《く》です。言うまでもなく、火事が起きると即《そく》、出番《でばん》となるからで、腕《うで》のいい大工ともなると、1日の給料《きゅうりょう》は、今のお金にすると、1万1000円弱《じゃく》にあたります※。

とはいえ、お天気《てんき》が悪くなると仕事《しごと》は出来《でき》ず、正月《しょうがつ》や各節句《かくせっく》※も休みでしたから、1年《ねん》間《かん》の労働日数《ろうどうにっすう》は300日ほどで、年の収入《しゅうにゅう》にすると330万円ほどでした。

では、物価《ぶっか》はどうだったかというと、四《よ》畳半二間《じょうはんふたま》の家賃《やちん》とお米が1か月2万4000円ぐらいで年間各《ねんかんかく》29万円ぐらい。おとうふは1丁《ちょう》12文《もん》（300円ぐらい）でおそばは16文（400円ぐらい）とややお高《たか》め。驚《おどろ》きなのは煮炊《にた》きやお風呂《ふろ》に使うまき代《だい》で、味噌《みそ》、しょうゆといった調味料《ちょうみりょう》も含《ふく》め年間140万円ぐらいと、燃料費《ねんりょうひ》が収入《しゅうにゅう》の半分近《はんぶんちか》くをしめていました。

もちろん令和《れいわ》の今と同じく、庶民でもお金《かね》持《も》ちはいて、歌舞伎《かぶき》のスターともなると、1億《おく》3000万円ほどの収入があったようだよ。

※『文政年間漫録』より　※節句……季節《きせつ》の節目《ふしめ》となる日のこと。年に5回ある

今より安いものあり、驚《おどろ》くほど高いものあり……

※1両（10万円）＝4分《ぶ》＝16朱《しゅ》＝4000文で計算

江戸《えど》の金融業《きんゆうぎょう》・「札差《ふださし》」

お金が広く流通《りゅうつう》し始めた江戸時代《じだい》にあっても、俸禄米《ほうろくまい》というお米で給料《きゅうりょう》を受け取っていたのが、将軍《しょうぐん》に仕《つか》える旗本《はたもと》や御家人《ごけにん》です。彼らは札差《ふださし》という商人に手数料《てすうりょう》を支払《しはら》ってお米を貨幣《かへい》に替《か》えてもらっていました。札差たちの店は米蔵《こめぐら》が建ち並《なら》んでいた浅草《あさくさ》の蔵前《くらまえ》などにあり、運び込《こ》まれた米俵《こめだわら》に店の名前《なまえ》を書いた札《ふだ》を刺《さ》したことからこの名がついたと言われています。札差料《ふださしりょう》（手数料）は米100俵《ぴょう》につき金3分《ぶ》(7万5000円ほど）と手ごろでしたが、金貸《かねか》し業《ぎょう》も行ったため、ばくだいな富《とみ》を得《え》ていました。

※物価はFacebook「Teioコレクション京都故実研究会」を参照

江戸《えど》時代《じだい》のお金は3種《しゅ》

金貨《きんか》・銀貨《ぎんか》・銭貨《せんか》（銭《ぜに》）と3種類《しゅるい》もあった江戸時代 価値《かち》も、時代によって変わったよ

江戸《えど》時代《じだい》、おもしろいのがお金が3種類《しゅるい》もあったことです。金貨《きんか》・銀貨《ぎんか》・銭貨《せんか》の3つで、江戸ではおもに金貨と銭貨が、上方《かみがた》（京都《きょうと》・大坂《おおさか》）では銀貨と銭貨が使われていました。

古くより経済《けいざい》が進んでいた上方では、中国《ちゅうごく》地方《ちほう》でたくさんとれた銀を使う習慣《しゅうかん》が長かったため、銀貨の使用《しよう》をやめようとはしません。幕府《ばくふ》も変更《へんこう》の命令《めいれい》を出しましたが、効果《こうか》なく、大坂では銀貨が使われ続《つづ》けました。これを現《げん》在《ざい》にたとえてみると、日本円《にほんえん》とアメリカのドル、EU《イーユー》で使われているユーロが一つの国で同時《どうじ》に使われているようなもの。不便《ふべん》なこと、きわまりありません。

そこで幕府は慶長《けいちょう》14（1609）年、金1両《りょう》につき銀50匁《もんめ》、銭《ぜに》4000文《もん》という交換《こうかん》の基準《きじゅん》を定《さだ》めました。貨幣《かへい》が行き渡《わた》り、物価《ぶっか》も上がった元禄《げんろく》8（1695）年には、金1両につき銀60匁と交換《こうかん》するとしましたが、なかなか一定化《いっていか》しませんでした。

ちなみに金貨には両《りょう》・分《ぶ》・朱《しゅ》があり、一両は四分（一分金4枚）、十六朱《じゅうろくしゅ》（一朱金《いっしゅきん》16枚《まい》）、4000文（4貫文《かんもん》）とされ、ここでも貨幣《かへい》の交換《こうかん》を行う両替商《りょうがえしょう》が大活躍《だいかつやく》。両替だけでなく、お金を貸《か》し付《つ》けたり、江戸から大坂にお金を送ったりする場合《ばあい》にも活躍し、現在の銀《ぎん》行《こう》のような役目《やくめ》を果《は》たしました。

江戸時代の有名《ゆうめい》両替商には、鴻池善右衛門《こうのいけぜんえもん》や三井高利《みついたかとし》、住友吉左衛門《すみともきちざえもん》などがいて、三井や住友は、現在の大手銀行《おおてぎんこう》として今もなお日本の経済を支《ささ》えています。

金・銀・銭貨《せんか》交換表《こうかんひょう》 元禄13（1700）年の基準による※

江戸《えど》は金貨《きんか》

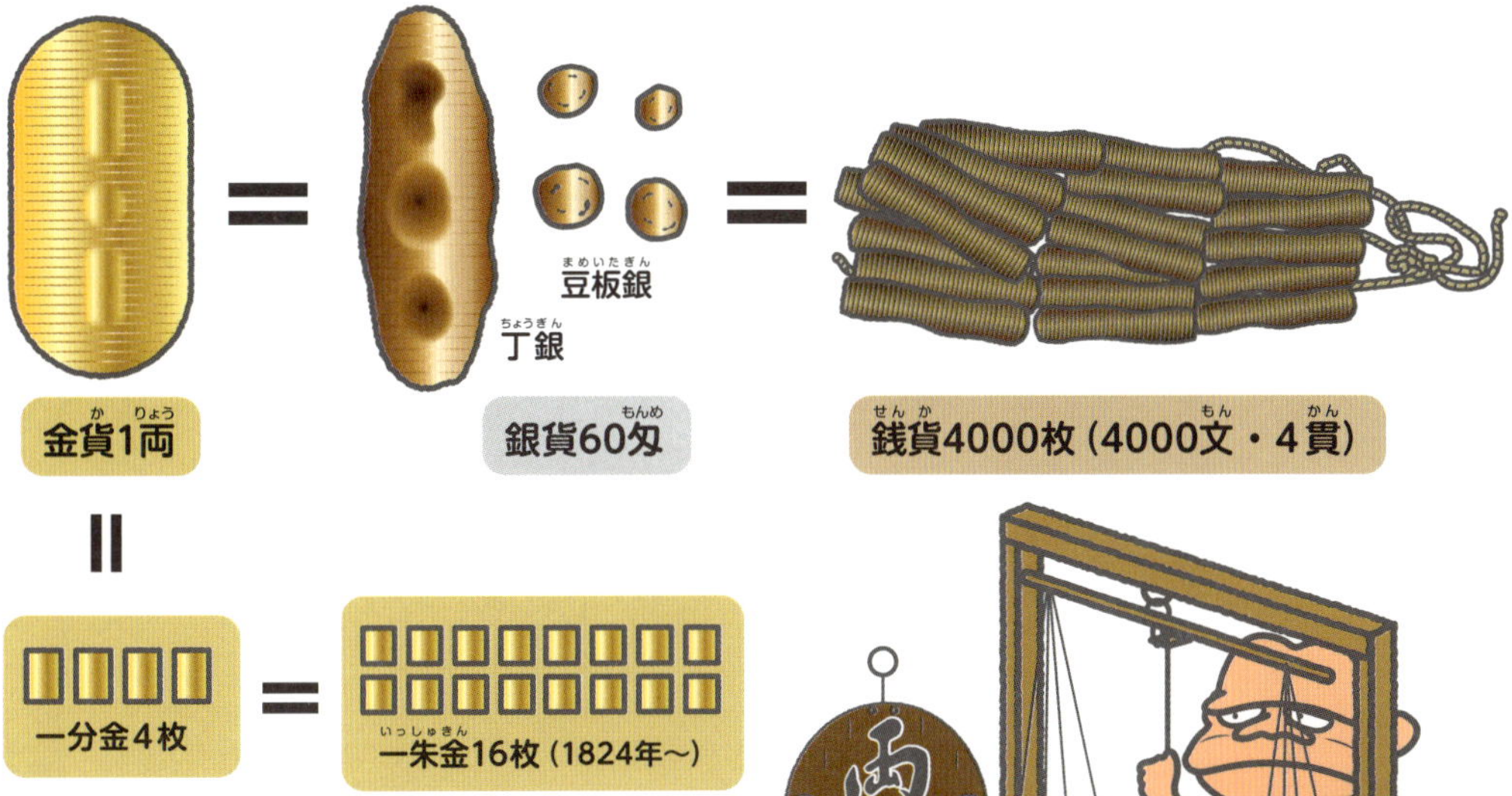

上方《かみがた》は銀貨《ぎんか》

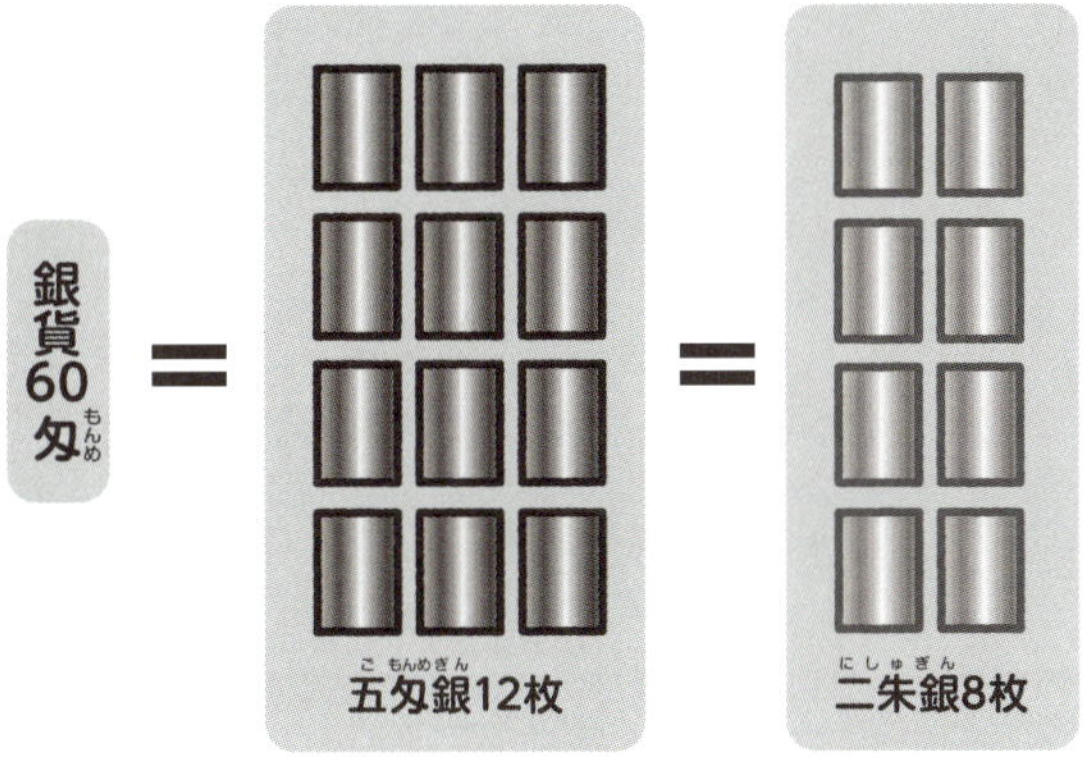

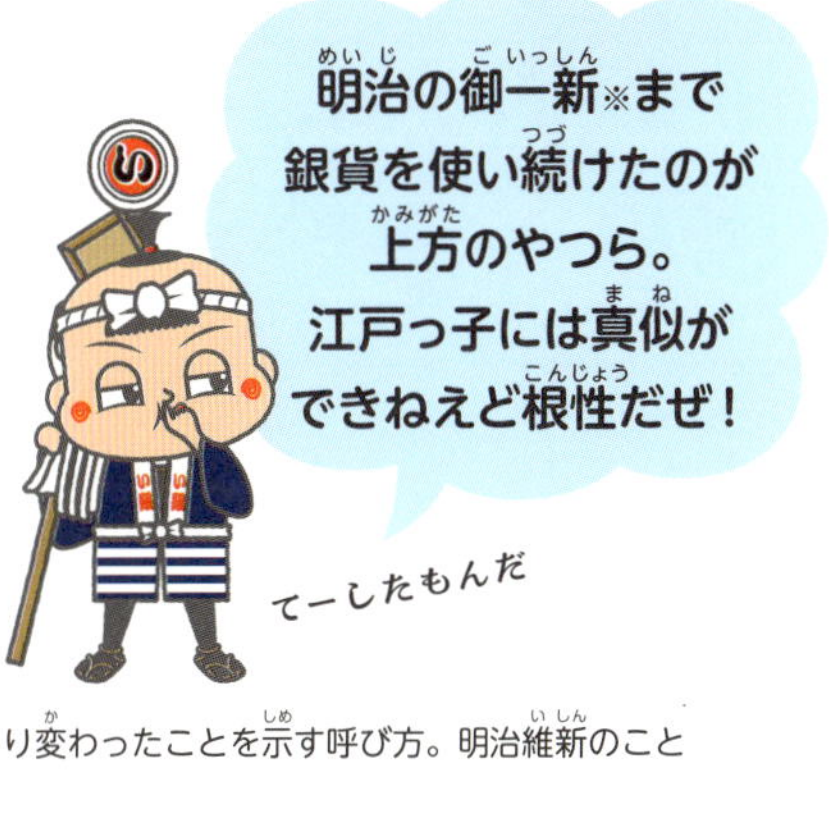

※御一新……政治《せいじ》が徳川幕府《とくがわばくふ》によるものから明治政府《めいじせいふ》によるものへすっかり変《か》わったことを示《しめ》す呼び方。明治維新《いしん》のこと

江戸《えど》の豪商《ごうしょう》※たち

経済《けいざい》の発展《はってん》は商売人《しょうばいにん》の競争《きょうそう》を激化《げきか》させます 先頭《せんとう》を走ったのが三井高利《みついたかとし》でした

当時《とうじ》、着物《きもの》は屋敷売《やしきうり》が基本《きほん》。商人《しょうにん》がお屋敷《やしき》まで品物《しなもの》を持参《じさん》して代金《だいきん》も交渉《こうしょう》で決まり、1年に一度《いちど》（年末《ねんまつ》）もしくは二度《にど》（6月末《まつ》と年末）に分けて支払《しはら》うという商売のやり方です。支払い日までの利息《りそく》が上乗《うわの》せされますから、代金は買ったその日より当然《とうぜん》、高くなります。

延宝元《えんぽうがん》（1673）年、江戸本町《えどほんちょう》に「越後《えちご》屋《や》呉服店《ごふくてん》」を開いた三井高利《みついたかとし》（1622～1694年）がそんな商売《しょうばい》に革命《かくめい》を起こします。店頭《てんとう》に山のように反物《たんもの》を積《つ》み上《あ》げ、お客《きゃく》に自由《じゆう》に選《えら》ばせる「店頭売《たなさきうり》」を採用《さいよう》、お客からの相談《そうだん》に乗る店員《てんいん》を配置《はいち》したのです。さらには店に職人《しょくにん》を置《お》き、お客が選《えら》んだ反物を即座《そくざ》に着物に仕立《した》てました。

さらに驚《おどろ》くべきは、そうした着物を「現金《げんきん》掛《か》け値《ね》なし」で販売《はんばい》したことでした。「販売は現金払《ばら》いで掛け払《ばら》いはいたしません。ただしそのぶん、ぐっとお安くなっています」という大胆《だいたん》な販売方法《ほうほう》をとったのです。

越後屋の販売システムは江戸中《えどじゅう》の評判《ひょうばん》となり多《おお》くのお客が押《お》しかけました。1日に最高《さいこう》、1000両《りょう》（1億円《おくえん》）も売上《うりあ》げ、三井は生涯《しょうがい》で72万両、幕府《ばくふ》の年間収入《ねんかんしゅうにゅう》の6％にものぼる財産《ざいさん》を築《きず》いたと言われています。

宝暦《ほうれき》・天明期《てんめいき》の文化《ぶんか》のころには「十八大通《じゅうはちだいつう》」という豪商《ごうしょう》も生まれました。多くは札差《ふださし》（29ページ）をしていた人たちで、しゃれっけと義侠心《ぎきょうしん》※があり、吉原《よしわら》（128ページ）で気前《きまえ》よくお金を使うのが特徴《とくちょう》で、「宵越《よいご》しの銭《ぜに》は持たない」江戸っ子好《ごの》みの人たちでした。

※豪商……たくさん利益《りえき》を上げる大商人《だいしょうにん》のこと　※義侠心……強いものをくじき、弱いものを助けようとする気持《きも》ちのこと

越後屋《えちごや》、のちの三越百貨店《みつこしひゃっかてん》ここに爆誕《ばくたん》！

越後屋の跡地《あとち》はその後、日銀《にちぎん》（日本銀行《にっぽんぎんこう》）の新館《しんかん》に。越後屋も「デパート」ってヤツになりやがったと聞いてるぜ

紀伊国屋文左衛門《きのくにやぶんざえもん》豪遊伝説《ごうゆうでんせつ》

元禄期《げんろくき》（1688～1704年）の商売上手《しょうばいじょうず》が三井高利《みついたかとし》ならば、豪快《ごうかい》さで知られたのが紀文《きぶん》こと紀伊国《きのくに》屋文左衛門《やぶんざえもん》（1669？～1734年）です。ある年の年末《ねんまつ》、嵐《あらし》で正月のお飾《かざ》りに使うミカンが不足《ふそく》しました。紀伊国《きいのくに》（和歌山県《わかやまけん》）出身《しゅっしん》の紀文は嵐の中に船を出し、大《おお》もうけ。その勇気《ゆうき》には江戸《えど》っ子も、「沖《おき》が暗《くら》いのに　白帆《しらほ》が見える　あれは紀の国みかん船《ぶね》」と歌にしたほどでした。紀文はもうけたお金を豪快に使い、宴会《えんかい》では升《ます》の中に金の粒《つぶ》を入れ、節分《せつぶん》の豆まきのようにまき散《ち》らしたり、江《え》戸《ど》八丁堀《はっちょうぼり》の広大《こうだい》なお屋敷《やしき》には常《つね》に7人のたたみ屋《や》を召《め》し抱《かか》え、一度《いちど》お客が座《すわ》ったたたみはかならず表返《おもてがえ》し（たたみの表面《ひょうめん》と縁《ふち》を新しくすること）をし、同じたたみに別《べつ》のお客を決《けっ》して座《すわ》らせなかったという伝説《でんせつ》が残《のこ》っています。

知っとコーナー その一

～江戸《えど》女子にモテモテ！～
町火消《まちびけし》「いろは四十七組《しじゅうしちくみ》」

冬場《ふゆば》、乾燥《かんそう》するのは今も昔《むかし》もおんなじさ。木造長屋《もくぞうながや》だらけのお江戸では、いっぺん火の手が上がると手がつけらんねえ。で、あの大岡越前《おおおかえちぜん》こと大岡忠相《おおおかただすけ》さまの肝《いも》いりで作られた町火消（消防《しょうぼう》団《だん》）が、おれら「いろは四十七組」よ。

その名のとおり、「いろは」順《じゅん》に「い組《ぐみ》」から始まって、「へ・ら・し・ん組」は「百・千・万・本組」と言いかえて、のちに四十八組《しじゅうはちくみ》になりやがったぜ。ま、江戸の町の「火消４８《フォーティーエイト》」ってとこだな。言《い》い替《か》えたのは、「へ組」じゃおならみてえでカッコ悪いし、「し組」じゃ火に通じてしゃれにならねえ※。「ら組」「ん組」は発音《はつおん》が下品《げひん》に聞こえちまうからでえ。

いなせ※なはんてん姿《すがた》でまといを手に持ち、燃《も》え盛《さか》る火をも恐《おそ》れず立《た》ち向かうおれら町火消には、さすがの江戸小《こ》町《まち》※たちもメロメロよ。「火事とケンカは江戸の華《はな》」の「華」は、おれら町火消のことを言うって説《せつ》もあるんだぜ！

まといのケシ（○）とマス（◇）は
大岡さまのアイデアで
「消《け》します」のしゃれだぜえ！

※江戸っ子は「ひ」がうまく発音《はつおん》できず、「し」となったことを指《さ》す　※いなせ……男らしく勢《いきおい》いのある姿《すがた》や心のあり方《かた》のこと
※小町……小野小町《おののこまち》という女性《じょせい》が美人《びじん》であったことから、若《わか》く美しい女性を表《あらわ》す言葉《ことば》。「江戸小町」で江戸美人の意味《いみ》

第2章

江《え》戸《ど》城《じょう》と武《ぶ》士《し》たちの暮《く》らし

城郭都市《じょうかくとし》・江戸《えど》

湿地《しっち》の多い、武蔵野《むさしの》の小さな村
それが家康入城直後《いえやすにゅうじょうちょくご》の江戸の姿《すがた》です
江戸の原型《げんけい》は延宝年間《えんぽうねんかん》にできました

江戸《えど》幕府《ばくふ》を開いた徳川家康《とくがわいえやす》は、当初《とうしょ》から江戸が本拠地《ほんきょち》だったわけではありません。天正《てんしょう》18（1590）年、豊臣秀吉《とよとみひでよし》に三河国《みかわのくに》（愛知県東部《あいちけんとうぶ》）や遠江国《とおとうみのくに》（静岡県西部《しずおかけんせいぶ》）といった領地《りょうち》を取《と》り上《あ》げられ、関東《かんとう》に移《うつ》るよう命令《めいれい》されてしまったのです。

当時《とうじ》の江戸は江戸湾《わん》の入《い》り江《え》が江戸城《じょう》の間近《まぢか》まで入りこみ、民家《みんか》は100戸《こ》ほどというさびしさ。ですが慶長《けいちょう》8（1603）年、この地に幕府《ばくふ》が開《ひら》かれると一変《いっぺん》します。入り江を埋《う》め立《た》て、江戸城を中心《ちゅうしん》とした町づくりを始めたのです。町々《まちまち》には各地《かくち》から職人《しょくにん》を呼《よ》び寄《よ》せ、幕府の仕事《しごと》を請《う》け負《お》わせました。そして同じ職業《しょくぎょう》の人たちを同じ場所《ばしょ》に住まわせ、そうした町々には職業からとった名前《なまえ》をつけました。こうした名は、染物《そめもの》職人が住んだ神田紺屋町《かんだこんやちょう》、鍛冶《かじ》職人の神田鍛冶町《かじちょう》（ともに千代田区《ちよだく》）などに、今も残ります。

一方《いっぽう》、江戸の高台《たかだい》、すなわち現在《げんざい》の番町《ばんちょう》や紀尾井町《きおいちょう》（ともに千代田区）、小石川《こいしかわ》（文京区《ぶんきょうく》）などには、旗本《はたもと》や御家人《ごけにん》などの家臣《かしん》団《だん》を住まわせました。こうして低地《ていち》には町人地《ちょうにんち》（下町《したまち》）が、台地《だいち》には武家地《ぶけち》（山《やま》の手《て》）という、江戸の原形《げんけい》が作られたのです。

その後《のち》、江戸が広がるばかりの文政元《ぶんせいがん》（1818）年に作られたのが、左ページの「旧江戸朱引内図《きゅうえどしゅびきうちず》」。江戸の地図《ちず》に朱色《しゅいろ》の線を引き、「東は中川《なかがわ》、西は神田上水《かんだじょうすい》、北は荒川《あらかわ》と石神井川《しゃくじいがわ》、南は品川《しながわ》を含《ふく》む目黒川《めぐろがわ》あたりまで」と、江戸の範囲《はんい》を決めたのです。

よ〜く見ると、なじみのある地名《ちめい》もたくさん！「旧江戸朱引内図《きゅうえどしゅびきうちず》」

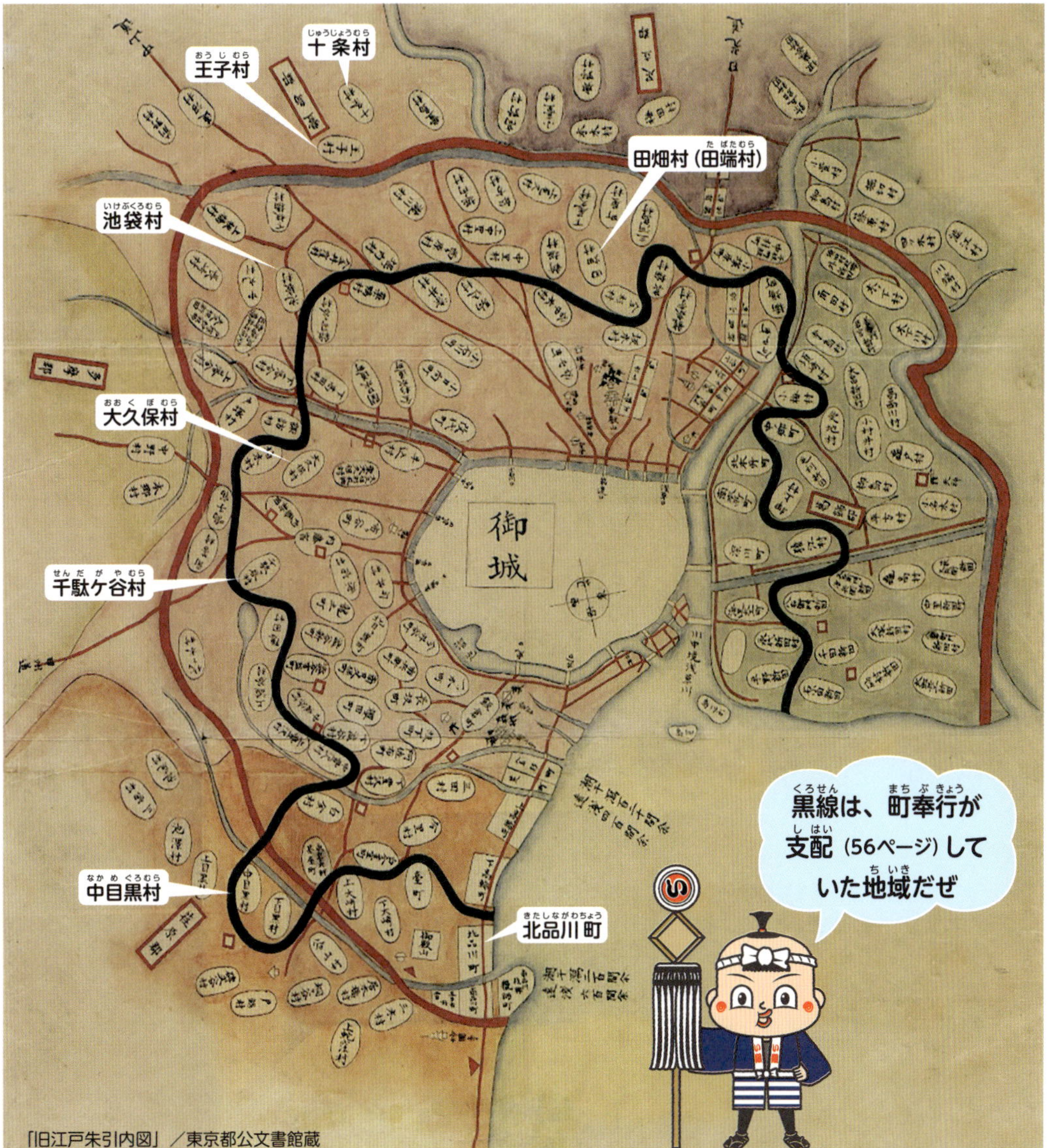

「旧江戸朱引内図」／東京都公文書館蔵

知っとコーナースペシャル その一

「火事《かじ》とケンカは江戸《えど》の華《はな》」江戸を一変《いっぺん》させた「明暦《めいれき》の大火《たいか》」

木造《もくぞう》の家が密集《みっしゅう》し、冬には乾燥《かんそう》した風が吹《ふ》く江戸《えど》では、「火事《かじ》とケンカは江戸の華《はな》」と、言われたほど火事がよく起こりました。江戸時代《じだい》265年を通して、2000件《けん》もの火事が起こったという説《せつ》があるほどだよ。

前ページの「旧江戸朱引内図《きゅうえどしゅびきうちず》」が作られた文政元《ぶんせいがん》（1818）年までにもたびたび大きな火事が起こっています。特《とく》に明暦《めいれき》3（1657）年1月18日の「振袖火事《ふりそでかじ》」とも呼《よ》ばれる「明暦の大火《たいか》」は、江戸の町並《な》みを一変《いっぺん》させた大事件《だいじけん》でした。

この大火事で、江戸城《じょう》は天守閣《てんしゅかく》や本丸《ほんまる》、二《に》の丸《まる》を失《うしな》ったばかりか、江戸の町もその6割《わり》が焼《や》け、一説《いっせつ》には10万人もの人が亡《な》くなったとされています。

この大惨事《だいさんじ》を重く見た幕府《ばくふ》は、江戸の大改《だいかい》造《ぞう》を行《おこな》います。大名屋敷《だいみょうやしき》を郊外《こうがい》に移《うつ》し、ろうそくが火元《ひもと》になりがちなお寺も郊外《こうがい》へ引《ひ》っ越《こ》しさせました。さらには道路《どうろ》を広げて、ところどころに火除地《ひよけち》という広場《ひろば》を設《もう》けます。火事が燃え広がるのを防《ふせ》ぐためです。

当初《とうしょ》は江戸とはされてはいなかった本所《ほんじょ》や深川《ふかがわ》の開発《かいはつ》にも着手《ちゃくしゅ》、隅田川《すみだがわ》には両国橋《りょうごくばし》をかけます。明暦の大火が起こった時は橋《はし》がなく、多くの人が焼け死《し》んだからでした。

こうして町の数も、寛永年間《かんえいねんかん》の1630年ごろには300程度《ていど》であったものが、延宝年《えんぽうねん》間《かん》の1680年代には900に。このころから江戸に多くの町があることを言う、「江戸《えど》八百八町《はっぴゃくやちょう》」という言葉《ことば》が生まれました。

火に追われた人びとは逃げまどい、川に飛《と》び込《こ》んだ

明暦《めいれき》の大火《たいか》は、1666年にイギリスで起こった「ロンドン大火」、大昔の64年にイタリア（当時《とうじ》はローマ帝国《ていこく》）で起こった「ローマ大火」とならんで「世界三大大火《せかいさんだいたいか》」とされているんだぜ

のろわれた振袖《ふりそで》が起こした!?「明暦《めいれき》の大火《たいか》」

「明暦《めいれき》の大火《たいか》」が「振袖火事《ふりそでかじ》」と言われるのには伝説《でんせつ》があります。お菊《きく》という少女が花見に行って美しい寺小姓《てらこしょう》※を見、恋《こい》に落ちてしまいます。少女は寺小姓が着ていた着物《きもの》に似《に》せた振袖《ふりそで》を作って寺小姓を思いますが、恋《こい》の病《やまい》でお菊は亡《な》くなってしまいます。両親《りょうしん》は振袖を古着屋《ふるぎや》に売りますが、その振袖を買った少女・お花も病気《びょうき》で亡くなり、次に振袖を買った娘《むすめ》・おたつも死亡《しぼう》。振袖におそろしいものを感じた住職《じゅうしょく》は振袖を焼《や》き払《はら》うことにしますが、火に投じたとたん、強風《きょうふう》が吹《ふ》き荒《あ》れて寺は丸焼《まるや》けに。これが明暦の大火の原因《げんいん》で、この伝説ゆえ、振袖火事と呼《よ》ばれているのです。

※寺小姓……お寺に住んで、住職のそば近くで仕《つか》える少年のこと

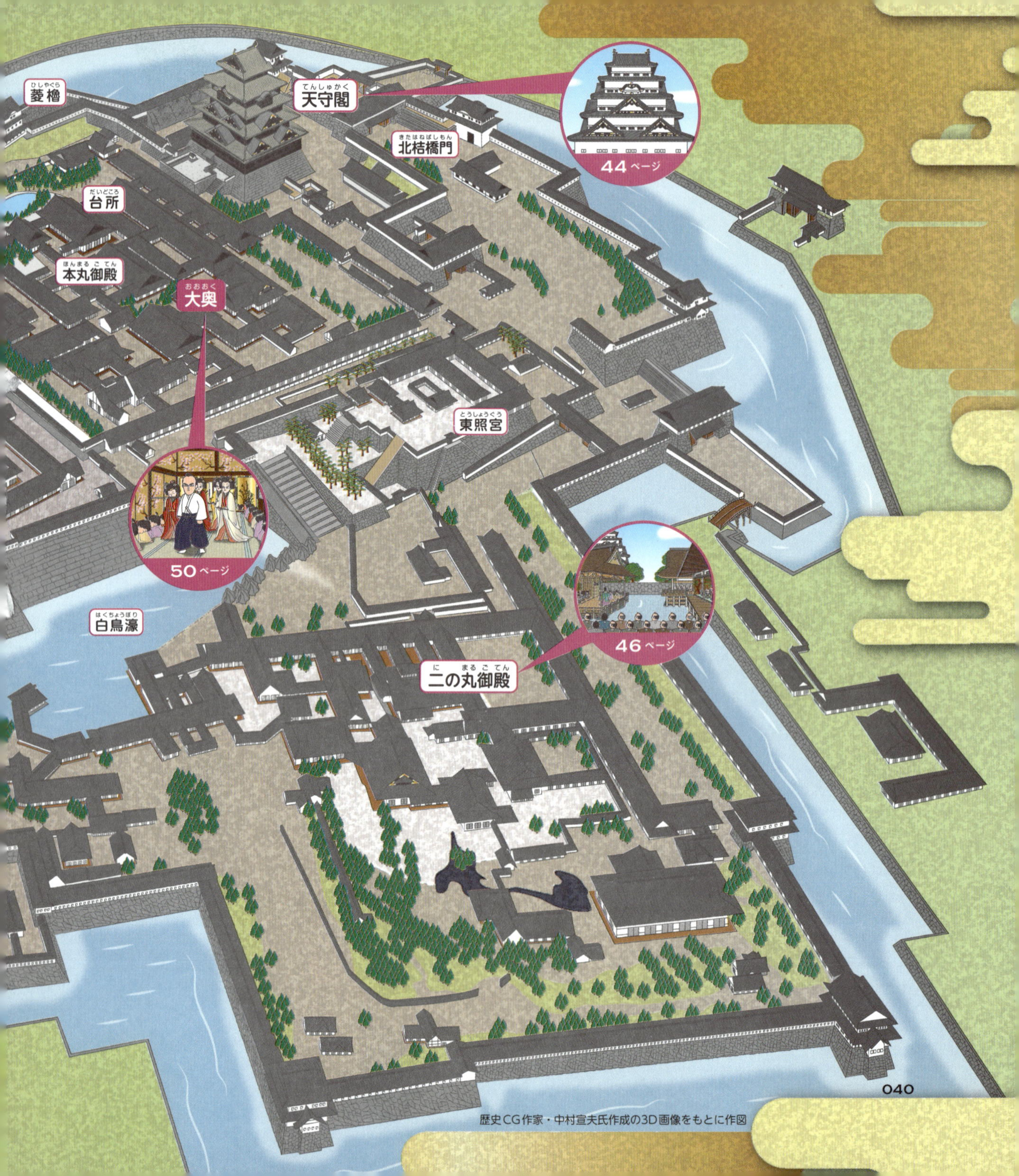

歴史CG作家・中村宣夫氏作成の3D画像をもとに作図

江戸城拝見《えどじょうはいけん》

東京《とうきょう》ドームなんと22個《こ》ぶん※!
これが政治《せいじ》の場にして
将軍《しょうぐん》の生活《せいかつ》の場・江戸城だよ!

これが江戸城だ!

※江戸城総面積《そうめんせき》は30万6760坪（江戸東京博物館《えどとうきょうはくぶつかん》刊/「東京市史稿《とうきょうししこう》 皇城編《こうじょうへん》」より）、東京ドームの面積は46.755㎡（東京ドームシティＱ＆Ａより）として計算

お江戸《えど》の中心《ちゅうしん》・江戸城《えどじょう》解剖《かいぼう》

江戸城は大きく3つに分かれていました「表《おもて》」「中奥《なかおく》」「大奥《おおおく》」の3つだよ

徳川家康《とくがわいえやす》の「天下普請《てんかぶしん》」※の号令《ごうれい》のもと、諸国《しょこく》の大名《だいみょう》を総動員《そうどういん》、2代将軍《だいしょうぐん》・秀忠《ひでただ》、3代・家光《いえみつ》までのおよそ50年の年月をかけて完成《かんせい》させたのが、江戸城《えどじょう》です。一番外側《いちばんそとがわ》の壁《かべ》である外郭《がいかく》だけで周囲《しゅうい》16キロ、外郭の内側《うちがわ》の堀《ほり》に囲まれた内郭《ないかく》でも7～8キロもあり、石垣《いしがき》を含《ふく》めれば高さ60メートルにもなる天守《てんしゅ》を備《そな》えた、まさに天下のあるじにふさわしい大城《おおじろ》でした。

そんな天下の名城《めいじょう》・江戸城の心臓部《しんぞうぶ》ともいうべき本丸《ほんまる》は、「表《おもて》」「中奥《なかおく》」「大奥《おおおく》」の3つに大きく分かれていました。

「表」と「中奥」は公式《こうしき》の行事《ぎょうじ》や役人《やくにん》たちの仕事《しごと》の場で、奥《おく》から順番《じゅんばん》に御座之間《ござのま》・黒書《くろしょ》院《いん》・白《しろ》書院・大広間《おおひろま》の4棟《むね》がそれにあたります。お正月の将軍へのあいさつや、参勤交代《さんきんこうたい》で江戸に到着《とうちゃく》した時などには大名たちは「表」へ通されましたが、どの棟を使うかは、大名たちの格付《かくづ》けで異《こと》なりました。

田安《たやす》・一橋《ひとつばし》・清水《しみず》という、8代将軍・吉宗《よしむね》の子孫《しそん》が先祖《せんぞ》の「御三卿《ごさんきょう》」たちは、もっとも格式の高い中奥にある御座之間で。尾張《おわり》・紀《き》伊《い》・水戸家《みとけ》といった家康の子孫を先祖とする「御三家《ごさんけ》」や、朝廷《ちょうてい》から与《あた》えられた位《くらい》が四位《しい》以上《いじょう》の大名たちは白書院で。それ以外《いがい》の大名は大広間であいさつをしたのです。

このおおぜいの大名が集まる大広間は、なんと500畳《じょう》。東西《とうざい》の幅《はば》が50メートルもある広々《ひろびろ》とした部屋《へや》で、将軍が座《すわ》る上段《じょうだん》の間《ま》から二之間《にのま》、三之間とふすまで仕切《しき》られていて、身分《みぶん》によって座る間が決まっていました。

※天下普請……幕府《ばくふ》が諸《しょ》大名に命じて行わせた大規模《だいきぼ》な土木工事《どぼくこうじ》のこと

内装《ないそう》も豪華《ごうか》そのもので、ふすまは松《まつ》の巨木《きょぼく》や鶴《つる》などの大和絵《やまとえ》で飾《かざ》られ、引手《ひきて》（ふすまの手をかける部分《ぶぶん》）やらん間《ま》（天井《てんじょう》とふすまの間の採光《さいこう》や通風《つうふう》のための部分）には、金で作られた豪華なかざりがはめ込《こ》まれていました。

❖女性《じょせい》の園《その》・大奥

「大奥」は、将軍たちの生活《せいかつ》の場です。江戸城御殿《ごてん》※1万1000坪《つぼ》の半分以上《はんぶんいじょう》の6000坪を占め、将軍とそのお母さん、正式《せいしき》な奥《おく》さんである御台所《みだいどころ》や側室《そくしつ》が住んだ「御殿向《ごてんむき》」や、その召使《めしつか》いの奥女中《おくじょちゅう》が住んだ「長局向《ながつぼねむき》」、大奥での事務《じむ》や警備《けいび》にあたる役人《やくにん》がつめた「広敷向《ひろしきむき》」の3つからなっていました。

江戸城のあるじである将軍は夜になると御小座敷《おこざしき》で眠《ねむ》りましたが、御鈴廊下《おすずろうか》という廊下を通って大奥へも通いました（50ページ）。

大奥には広敷向に多少《たしょう》の男性《だんせい》はいたものの、掃除《そうじ》などの雑用《ざつよう》を担《にな》うのは女性の役割《やくわり》。女性ばかりの「女性の園」だったのです。

そんな中、大奥で将軍のお母さんや御台所に仕《つか》える奥女中たちには、江戸や京都《きょうと》から美人《びじん》が集められ、将軍のお目に止《と》まるようにしていました。その美女が将軍に気に入られ、男の子が生まれれば大きな権力《けんりょく》を持つことができ、将軍の家族《かぞく》としてぜいたくな暮らしができたからです（50ページ）。そのため大奥で働《はたら》くことは、女性たちの間でも憧《あこが》れの的《まと》でした。

二《に》の丸御殿《まるごてん》は、将軍のあとつぎや息子《むすこ》に位《くらい》をゆずった元《もと》将軍（大御所《おおごしょ》）が暮らす屋敷《やしき》として使われました。ここも江戸城本丸と同じく、大名と面会《めんかい》する「表」、家族《かぞく》が住む「大奥」、あとつぎ夫人《ふじん》に仕える奥女中たちが住む「長局《ながつぼね》」などの建物《たてもの》からなっていましたが、庭園《ていえん》や料亭《りょうてい》などがそろい、比較的《ひかくてき》くつろいで過《す》ごせる別荘《べっそう》のような感じの屋敷でした。

※御殿……えらい人が住むお屋敷《やしき》を敬《うやま》っていう言い方。または立派《りっぱ》な家のこと。江戸城御殿で江戸城の屋敷全体《ぜんたい》のこと

江戸城大天守《えどじょうだいてんしゅ》

**江戸《えど》のシンボルが大天守《だいてんしゅ》
高層《こうそう》ビルなんて一つもない中で
どれほど大きく見えたことか……**

お城《しろ》といえば、最初《さいしょ》に頭に浮《う》かぶのが天守《てんしゅ》閣《かく》。明暦《めいれき》3（1657）年の「明暦の大火《たいか》」で失《うしな》われてしまったものの、江戸城にも、巨《きょ》大《だい》で壮麗《そうれい》※な天守が備《そな》えられていました。

徳川家康《とくがわいえやす》が諸国《しょこく》の大名《だいみょう》に命《めい》じて慶長《けいちょう》11（1606）年に工事を始めた江戸城天守は、五層六階建《ごそうろっかいだ》てでした。雨風《あめかぜ》に当たると白っぽく変色《へんしょく》する鉛瓦《なまりかわら》と白いしっくい壁《かべ》で囲《かこ》まれた小天守《しょうてんしゅ》の連立式《れんりつしき》で、慶長19（1614）年に書かれた『慶長見聞集《けいちょうけんもんしゅう》』によると、「夏も雪かと見えて面白《おもしろ》し」とありますから、真《ま》っ白《しろ》な天守であったようです。

この白亜《はくあ》の天守は高さ10間《けん》（およそ18メートル）の石垣《いしがき》の上に建《た》てられていて、この石垣を含めると60メートル、ビル20階《かい》もの高さになりました。高層《こうそう》ビルなど一つもない中、参勤交代《さんきんこうたい》にやってきた大名などはその高さと威容《いよう》※に圧倒《あっとう》され、幕府《ばくふ》に逆《さか》らおうという気すらなくなったことでしょう。これこそが、巨大な天守の真《しん》の役割《やくわり》でもありました。

江戸城からは遠く富士山《ふじさん》も見えたようで、『見聞軍抄《けんもんぐんしょう》』という本には、「富士山と並《なら》んで雪山のようだ」という一節《いっせつ》があります。

この家康が建てた白亜の慶長天守閣は元和《げんな》3（1617）年に息子《むすこ》の2代将軍《だいしょうぐん》・秀忠《ひでただ》の手で作り直され（元和度天守《げんなどてんしゅ》）、さらには孫《まご》の家光《いえみつ》の代《だい》には黒色の銅板《どうばん》で囲《かこ》まれた天守に生まれ変《か》わります（寛永度天守《かんえいどてんしゅ》）。明暦の大火で焼失《しょうしつ》した天守がこれで、その後《ご》は再建されないままに現在《げんざい》に至《いた》っています。

※壮麗……規模《きぼ》が大きく、整っていて美しいこと　※威容……重々《おもおも》しく立派《りっぱ》な姿《すがた》のこと

富士《ふじ》をバックに天高《てんたか》くそびえるお江戸《えど》のシンボル！

あっしら江戸っ子の誇《ほこ》り、天守《てんしゅ》の横に小天守《しょうてんしゅ》を備《そな》えたダブル天守をご覧《らん》やれ！
どうでぇい！

何に使うの？ 天守閣《てんしゅかく》

お城《しろ》のシンボルとも言える天守閣ですが、住むためのものではありません。城のあるじの強さと権《けん》力《りょく》を誇《ほこ》るためのもので、武器《ぶき》と食料《しょくりょう》は備《そな》えられていたものの、普段《ふだん》は空《あ》き家《や》の状態《じょうたい》でした。天守閣が本来《ほんらい》の役目《やくめ》を果《は》たすのは戦《いくさ》の時。敵《てき》が城まで攻め込んで奮闘《ふんとう》かなわず陥落間近《かんらくまぢか》となった際《さい》、あるじがここに立てこもり、最期《さいご》には切腹《せっぷく》しました。威容《いよう》を誇《ほこ》った天守ですが、死《し》ぬためのものでもあったのです。では城のあるじやその家族《かぞく》がどこで暮《く》らしていたかというと、天守のまわりに建《た》てた御殿《ごてん》で。西の丸や二の丸、三の丸にあった御殿がそれで、そこで暮らしていたのです。

くつろぎの場・二《に》の丸《まる》御殿《ごてん》

**引退《いんたい》した将軍《しょうぐん》の住《す》まいが二の丸御殿
池あり能《のう》の舞台《ぶたい》ありの
くつろげる別荘《べっそう》だよ**

江戸城《えどじょう》の本丸《ほんまる》は本丸御殿《ごてん》とも言われ、おもに政治《せいじ》が行われる公式《こうしき》の場でしたが、もっと気楽《きらく》な場所《ばしょ》もありました。それが本丸の東に作られた二の丸御殿や、東南にあった西《にし》の丸《まる》御殿です。両《りょう》御殿とも、「大御所《おおごしょ》」と呼《よ》ばれた引退《いんたい》した元将軍《もとしょうぐん》や将軍のあとつぎが住む場所で、時には将軍本人《ほんにん》が来て羽《はね》を伸《の》ばしました。本丸と同じく「大奥《おおおく》」こそありましたが、「表《おもて》」のような格式《かくしき》ばった部屋《へや》は少なく、政治《せいじ》よりも日々《ひび》の暮《く》らしが快適《かいてき》であることを目的《もくてき》とした建物《たてもの》でした。

二の丸御殿はもともとあったお屋敷《やしき》を3代《だい》将軍《しょうぐん》・家光《いえみつ》が広くしたものです。大御所やあとつぎたちは、ここに四季《しき》の花々《はなばな》が咲《さ》き乱《みだ》れる庭や池、能《のう》という劇《げき》の舞台《ぶたい》を作って楽しみました。池のまわりにはお茶屋《ちゃや》と呼《よ》ばれる料亭《りょうてい》も造《つく》られ、料理《りょうり》を味わいながら四季の移《うつ》り変《か》わりを楽しむぜいたくも可能《かのう》でした。

西の丸も、同じくあとつぎなどが住んだ御殿でしたが、文久《ぶんきゅう》3（1863）年、本丸が火事《かじ》にあい、それ以降《いこう》は本丸のような役割《やくわり》を果《は》たします。慶応《けいおう》3（1867）年の大政奉還《たいせいほうかん》で政治が天皇《てんのう》にお返しされたのち、明治天皇《めいじてんのう》が京都御所《きょうとごしょ》から江戸城に入りますが、明治新政府《しんせいふ》に引《ひ》き渡《わた》された「江戸城」は、ここ西の丸のこと。

江戸城西の丸御殿は明治6（1873）年にまたしても火事にあい、再建《さいけん》されます。それこそが、現在《げんざい》、天皇ご一家《いっか》がお住まいになっている皇居《こうきょ》と呼ばれる建物です。

将軍《しょうぐん》さまも、ここでは裃《かみしも》ぬいでくつろいで

敵《てき》からお城《しろ》を守る堀《ほり》のなかに能舞台《のうぶたい》。世《よ》の中《なか》が平和《へいわ》になったあかしとくらあ！

天下無双《てんかむそう》※の大城《おおじろ》も火事《かじ》には弱い……！

「火事とケンカは江戸の華《はな》」と言われるように、江戸城《えどじょう》も天守《てんしゅ》から本丸《ほんまる》、二《に》の丸《まる》、西《にし》の丸《まる》まで、なんども火事にあっては建《た》て直《なお》されています。江戸時代《じだい》、最大《さいだい》の火災《かさい》といえば「振袖《ふりそで》火事」とも呼《よ》ばれる明暦《めいれき》3（1657）年の「明暦の大火《たいか》」。3人連続《れんぞく》で亡《な》くなった娘《むすめ》たちの振り袖を焼《や》いて供養《くよう》※しようとして起こったといわれ、江戸城も天守を含む大部分《だいぶぶん》が焼失《しょうしつ》しました。「明和《めいわ》の大火」は明和9（1772）年に起こった大火事で、お坊《ぼう》さんによる放火《ほうか》が原因《げんいん》。「文化《ぶんか》の大火」は文化3（1806）年の大火事で、この3つは「江戸三大大火《えどさんだいたいか》」と呼《よ》ばれているよ。

※天下無双……世の中で一番で、比《くら》べるものがないほどすぐれていること　※供養……死《し》んだ人のたましいが休まるよう祈《いの》ることや、そのための行為《こうい》

将軍《しょうぐん》の1日

将軍はどんな毎日《まいにち》を過《す》ごしていたの？ 徳川《とくがわ》将軍の1日を拝見《はいけん》！

江戸城《えどじょう》のあるじ・徳川将軍《とくがわしょうぐん》の生活《せいかつ》は規則《きそく》正《ただ》しく、とてもきゅうくつなものでした。

将軍は1日のほとんどを中奥《なかおく》（42ページ）の「御休息之間《ごきゅうそくのま》」で過《す》ごし、睡眠《すいみん》もその横の「御小座敷《おこざしき》」で取りました。

起床《きしょう》は朝6時ごろ。近くにひかえている小姓《こしょう》※が将軍が起《お》きたのを確認《かくにん》すると、「もう」という合図《あいず》を送ります。うがいやトイレをすませると大奥《おおおく》にあった仏間《ぶつま》に行き、奥《おく》さんである御台所《みだいどころ》とともに歴代《れきだい》将軍の位牌《いはい》※に手を合わせます。

朝食《ちょうしょく》は8時ごろ。魚《さかな》の塩焼《しおや》きと漬物《つけもの》、汁物《しるもの》の質素《しっそ》な朝食をとりながらまげを結《ゆ》わせ、お昼前《ひるまえ》まで学問《がくもん》や剣術《けんじゅつ》のけいこに励《はげ》みます。

政治《せいじ》という将軍本来《ほんらい》の仕事《しごと》が始まるのが昼食後《ちゅうしょくご》。2時間《じかん》ほど老中《ろうじゅう》などから江戸市中《しちゅう》のどんな様子《ようす》を聞いたり、どんな人物《じんぶつ》を幕府《ばくふ》のどんな役目《やくめ》に就《つ》かせるかを決めるなどの仕事を済《す》ませると、午後《ごご》2時ごろからは自由時間《じゆうじかん》。乗馬《じょうば》など、比較的好《ひかくてきす》きなことができました。

お風呂《ふろ》に入るのは夕食前《ゆうしょくまえ》。着物《きもの》の脱《ぬ》ぎ着《き》から身体《からだ》を洗《あら》うことまで、小姓などの手で行《おこな》われます。夕食《ゆうしょく》は午後6時。朝より品数《しなかず》は増《ふ》えるものの質素で、ここでもそばには小姓がひかえ、あれやこれやを手伝《てつだ》います。

夕食後は中奥《なかおく》の「御休息之間」でしばしの自由時間を過ごし、眠《ねむ》るのは夜10時ごろ。大奥《おおおく》で御台所や側室《そくしつ》たちと過《す》ごすこともありましたが、大奥のあるじはあくまで御台所。その場合《ばあい》は事前《じぜん》に連絡《れんらく》をするのがマナーでした。

※小姓……身分の高い人に使えためしつかいのこと。おもに少年《しょうねん》がなった　※位牌……仏だんに置《お》かれた、亡《な》くなった人の名前《なまえ》や亡くなった日などが書かれた板のこと。

将軍《しょうぐん》さまの1日は、時計《とけい》のように規則正《きそくただ》しい

午後5時

夕食前《ゆうしょくまえ》にお風呂《ふろ》。湯船《ゆぶね》はなくて、お湯を浴《あ》びるだけだった

午前《ごぜん》6時

小姓《こしょう》の「もう」の声で1日かスタート

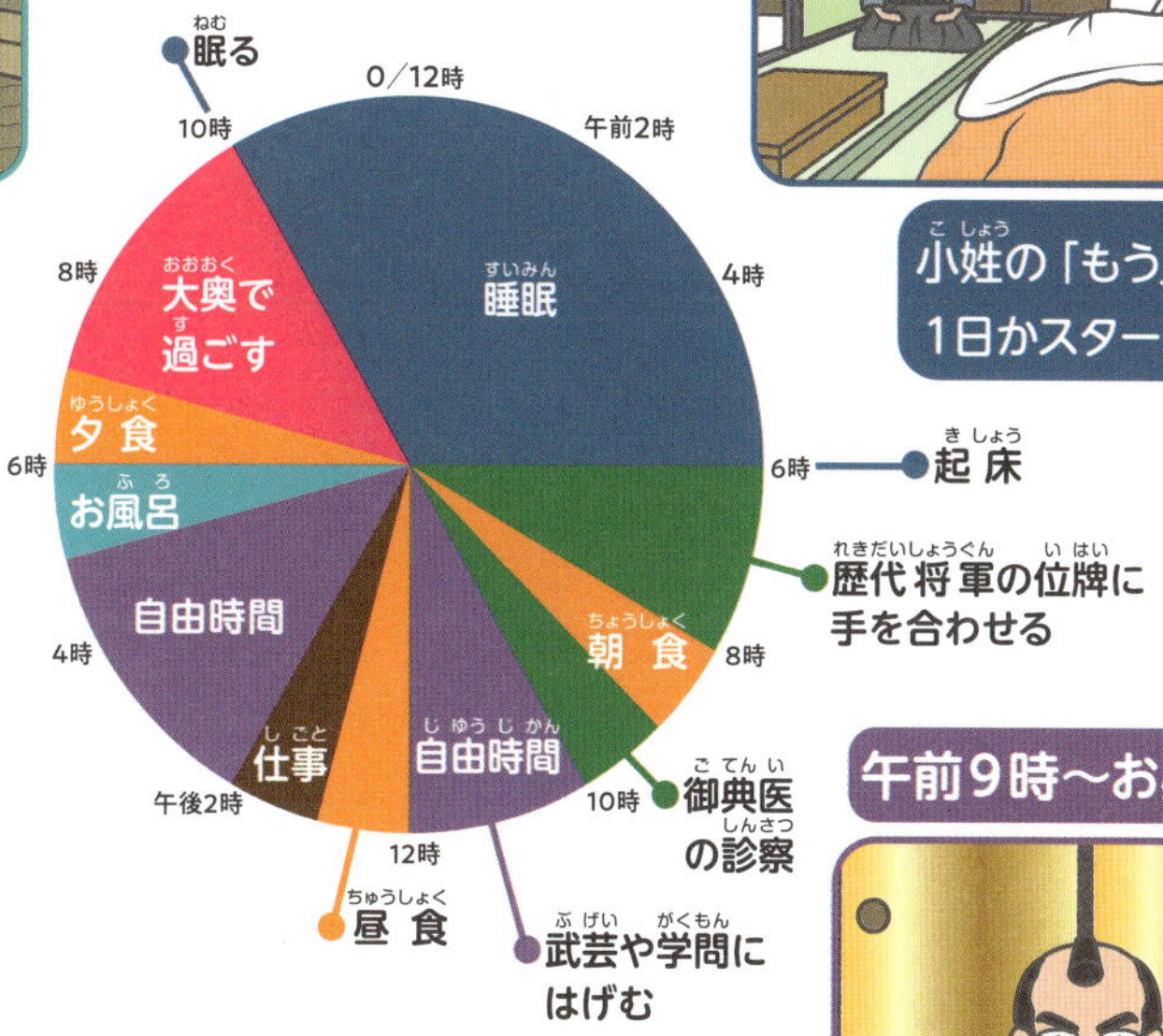

仕事《しごと》が始まるのが昼食《ちゅうしょく》後《ご》。老中《ろうじゅう》などから報告《ほうこく》を聞き、さまざまなことを決めていく。時には深夜《しんや》になることも

午後《ごご》1時

午前9時〜お昼まで

朝食後《ちょうしょくご》、御典医《ごてんい》（医者《いしゃ》）の診察《しんさつ》を終《お》えるとお昼までは学問《がくもん》や武芸《ぶげい》のけいこ

将軍《しょうぐん》さまは寝《ね》る時も監視《かんし》つき！

大奥《おおおく》で将軍が女性《じょせい》と過《す》ごす際《さい》には、障子《しょうじ》１枚《まい》へだてた向《む》こうには、監視役《かんしやく》の側室や御年寄《おとしより》と呼《よ》ばれる女性がひかえていました。「男の子が生まれたらあとつぎにしてくださいね」などのおねだりを防《ふせ》ぐためです。将軍には夜、眠《ねむ》る時にも、プライバシーはなかったのです。

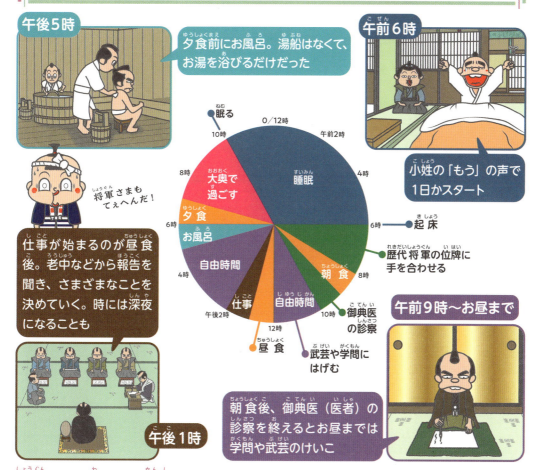

大奥《おおおく》での暮《く》らし

女性《じょせい》の園《その》・大奥《おおおく》で力を振《ふ》るったのが「御年寄《おとしより》」老中並《ろうじゅうな》みの力を持っていたよ

将軍《しょうぐん》の奥《おく》さんである「御台所《みだいどころ》」から、掃除《そうじ》や洗濯《せんたく》といった雑用《ざつよう》をする「御末《おすえ》」まで。1000人もの女性《じょせい》が暮《く》らす大奥《おおおく》の役割《やくわり》は、なんといっても将軍のあとつぎをもうけること。そのため大奥には、都《みやこ》の皇族《こうぞく》や公家《くげ》（貴《き》族《ぞく》）出身《しゅっしん》の御台所以外《いがい》にも、「御中臈《おちゅうろう》」と呼《よ》ばれる側室《そくしつ》たちがひかえていました。

御中臈とは、美人《びじん》と名高《なだか》い旗本《はたもと》の娘《むすめ》を始《はじ》め、時には町娘《まちむすめ》からも選《えら》ばれた、御台所や将軍の身の回りのお世話《せわ》をする女性のことです。8人と決められていて、将軍に気《き》に入られて男の子を生むと「御部屋様《おへやさま》」、女の子を生むと「御腹様《おはらさま》」と呼ばれ、とてもぜいたくな暮《く》らしができました。

こうした御中臈を選ぶのが、大奥でトップクラスの使用人《しようにん》である「年寄《としより》」と呼《よ》ばれる女性たち。京都《きょうと》から御台所とともにやってきた「上臈御年寄《じょうろうおとしより》」を始め、その見習《みなら》いである「小上臈《こじょうろう》」、御台所専用《せんよう》の年寄である「中年寄《ちゅうどしより》」と「御年寄《おとしより》」の4つがありましたが、大奥全体《ぜんたい》の世話係《せわがかり》としてもっとも大きな力を振《ふ》るったのが御年寄。未来《みらい》の将軍のお母さんになるかもしれない御中臈を選ぶこともありましたから、陰《かげ》で幕府《ばくふ》を動かす者として、「表《おもて》」の老中《ろうじゅう》に劣《おと》らない力を持っていたと言われているよ。

とはいえ年寄も御中臈も、特別《とくべつ》な場合以外《ばあいいがい》には大奥から出られないのが決まり。ぜいたくはできても、金の鳥カゴに閉《と》じこめられた小鳥《ことり》ともいうべき不自由《ふじゆう》な立場《たちば》でした。

将軍《しょうぐん》は「御鈴廊下《おすずろうか》」を通って大奥《おおおく》へ

大奥へのたった2本の入り口
が御鈴廊下。将軍さまお越《こ》
しの際《さい》には、鈴《すず》を鳴《な》らした
ことからついた名前《なまえ》とくらあ

「玉《たま》の輿《こし》」の言葉《ことば》はここから!? 桂昌院《けいしょういん》・お玉伝説《たまでんせつ》

3代《だい》将軍《しょうぐん》・家光《いえみつ》の側室《そくしつ》で、5代将軍・綱吉《つなよし》のお母さんである桂昌院《けいしょういん》は、京都《きょうと》の武士《ぶし》の娘《むすめ》とされていますが、生きていた時分《じぶん》から一つのうわさがありました。本当《ほんとう》は八百屋《やおや》の娘・お玉《たま》で、御末《おすえ》として大奥勤《おおおくづと》めを始めたところ、家光に気に入られて綱吉を生んだというのです。お玉は実家《じっか》※への里《さと》帰《がえ》り※に「輿《こし》」に乗って帰りました。輿とはきわめて身分《みぶん》が高い人が乗る乗物《のりもの》のことです。身分の低《ひく》い者が力やお金のある男性《だんせい》に見初《みそ》められ奥《おく》さんになることを「玉の輿に乗る」と言いますが、この言葉《ことば》は、お玉のこのエピソードがもとになったと言われています。

※実家……結婚《けっこん》した女性が生まれた家のこと　※里帰り……女性があいさつなどで実家に一時的《いちじてき》に帰ること

大名《だいみょう》にだって格差《かくさ》あり

江戸《えど》は究極《きゅうきょく》の格差社会《かくさしゃかい》
上の身分《みぶん》の武士《ぶし》たちにも
細かい身分の差《さ》があったよ

江戸時代《えどじだい》、人びとは将軍《しょうぐん》も含む武士階級《ぶしかいきゅう》と、農民《のうみん》や町人《ちょうにん》などの庶民階級《しょみんかいきゅう》の2つの身分《みぶん》に分《わ》かれていました。武士階級が上なのは言うまでもありませんが、その武士たちにも、細《こま》かな格差《かくさ》があったのです。

武士のなかで将軍に次《つ》ぐ身分なのが大名《だいみょう》です。大名とは知行《ちぎょう》が1万石《まんごく》以上（領地《りょうち》から取れる米が150万キロ。今の収入《しゅうにゅう》にして27億《おく》円《えん》ぐらい）の武士をいい、徳川家《とくがわけ》の親せきである御三家《ごさんけ》※などの「親藩大名《しんぱんだいみょう》」から、関ヶ《せきが》原《はら》の合戦《かっせん》以前《いぜん》から徳川家の味方《みかた》だった「譜代《ふだい》大名《だいみょう》」、関ヶ原前後《ぜんご》ににしぶしぶと徳川家に従《したが》った「外様大名《とざまだいみょう》」まで、3つに大きく分けられていました。

外様大名には譜代大名よりずっと高い石高《こくだか》（米の生産量《せいさんりょう》）を誇った大藩《たいはん》もありましたが、「年頭御礼《ねんとうおんれい》」という正月の将軍へのあいさつでは、朝廷《ちょうてい》からもらった冠位《かんい》が低《ひく》ければ、将軍がお成《な》りになるまでの控《ひか》えの間《ま》である「殿《でん》席《せき》」はずっと格下《かくした》の部屋《へや》に通されることに。江戸城登城《とじょう》は、家の格式《かくしき》のちがいがあからさまにされる場でもあったのです。

一方《いっぽう》、関ヶ原以前から徳川家に仕《つか》えていた武士である幕臣《ばくしん》たちにも身分差《みぶんさ》がありました。領地を持っていて将軍に直《じか》にお目にかかれる旗本《はたもと》と、幕府から蔵前取《くらまえどり》という給料《きゅうりょう》をもらい、将軍に会えない御家人《ごけにん》の2身分です。つける仕事《しごと》にもちがいがあり、旗本ならば奉行《ぶぎょう》になれるものの、御家人は与力《よりき》や同心《どうしん》※に限《かぎ》るなどの制限《せいげん》がありました。

※御三家……徳川家康《とくがわいえやす》の子どもを始《はじ》まりとする家のことを敬《うやま》っていう呼《よ》び方《かた》で、尾張《おわり》家・紀伊家《きいけ》・水戸家《みとけ》のことをいう

うちの殿《との》は、いったいどの殿席《でんせき》に……!?

正月早々《しょうがつそうそう》、いちいちお家の
ちがいを見せつけられたり
お侍《さむれえ》も大変《たいへん》だわ……！

大名《だいみょう》みんな、遠い親せき

殿席《でんせき》を高めたいのなら、徳川家《とくがわけ》の親せきになるのが一番《いちばん》です。大名《だいみょう》たちは競《きそ》って将軍《しょうぐん》の娘《むすめ》を自分《じぶん》やあとつぎの正室《せいしつ》（奥《おく》さん）に迎《むか》え、将軍になる予定《よてい》のない次男《じなん》や三男《さんなん》を養子《ようし》にしました。一方《いっぽう》、将軍家からの嫁取《よめと》りができない大名や、そのあとつぎの正室はたいていの場合《ばあい》、ほかの大名の娘《むすめ》。これを江戸時代《じだい》265年続けた結果《けっか》、将軍家と大名家は多くが親せき関係となりました。とはいうものの、血のつながりとなると微妙《びみょう》です。お嬢《じょう》さま育ちの正室は身体《からだ》を動かすことがないことからひ弱で、子どもが産《う》まれにくかったようです。将軍家も大名家も、あとつぎは正室ではなく、側室《そくしつ》が産むことがほとんどでした。

※与力や同心……町奉行の家来《けらい》として奉行の仕事を助け（与力）、江戸の町へ出て刑事《けいじ》のような仕事をする（同心）人たちのこと

大名《だいみょう》の家・大名屋敷《やしき》拝見《はいけん》

大名間《だいみょうかん》の格差《かくさ》は殿席《でんせき》だけに留《とど》まりません 屋敷《やしき》の門構《もんがま》えにすら差《さ》があったよ

1年交代《こうたい》で領地《りょうち》と江戸《えど》に住む参勤交代《さんきんこうたい》は大名《だいみょう》たちの義務《ぎむ》。そのため大名は江戸にもお殿《との》さまとしてはずかしくない屋敷《やしき》を持ち、一緒《いっしょ》にやってきた家来《けらい》たちにも住む家を持たせる必要《ひつよう》があります。幕府《ばくふ》もそうした事情《じじょう》はわかっていて、江戸の高台《たかだい》に広大《こうだい》な武家地《ぶけち》を用《よう》意《い》して（36ページ）、大名たちに分け与えていました。江戸の総面積《そうめんせき》のなんと7割《わり》が武家地だったほどです。大名たちはこうした土地に上屋敷《かみやしき》・中屋敷《なかやしき》・下屋敷《しもやしき》の3種の屋敷を建《た》てて暮《く》らしていました。

上屋敷は江戸滞在中《たいざいちゅう》の大名が住む場所《ばしょ》でしたから、もっとも立派《りっぱ》に造《つく》られていました。奥《おく》さんや子どもを幕府《ばくふ》への人質《ひとじち》として差《さ》し出《だ》し、さらには江戸《えど》城《じょう》登城《とじょう》にも便利《べんり》なように、場所も江戸城の近くが選《えら》ばれました。

中屋敷は引退《いんたい》した大名やあとつぎが住む屋敷で、下屋敷は別荘《べっそう》のようなもの。

上屋敷や中屋敷には仕事《しごと》の場である「表《おもて》」と生活の場である「奥《おく》」があり、江戸城と同じく、お客を迎《むか》えるための書院《しょいん》や家来と会うための大広間《おおひろま》などが備《そな》えられていて、これらの屋敷《やしき》では野菜《やさい》が作られることもありました。

こうした大名屋敷は、石高《こくだか》によって広さから門構《もんがま》えまで細《こま》かな決まりがありました。10万石《まんごく》以上なら門の屋根《やね》を格式高《かくしきだか》い唐破風《からはふ》にし、門番《もんばん》がつめる番所《ばんしょ》を2つ置《お》けましたが、5～9万石だと番所は2つでも唐破風はダメ。つまりは、屋敷の前を通るだけでその家の格《かく》式《しき》が見て取れるようになっていたのです。

領地《りょうち》から江戸上屋敷《えどかみやしき》に、大名《だいみょう》さまがお成《な》～り～！

屋根《やね》の左右の曲線《きょくせん》が
唐破風《からはふ》。大大名《だいだいみょう》の
あかしだぜ！

加賀藩上屋敷《かがはんかみやしき》、今ではあの大学《だいがく》に……！

大藩《たいはん》の上屋敷ともなると、とても広大《こうだい》で豪華《ごうか》なものでした。たとえば外様《とざま》の大藩・加賀藩《かがはん》（石川《いしかわ》県《けん》・富山県《とやまけん》）前田家《まえだけ》の江戸《えど》上屋敷の面積《めんせき》は東京《とうきょう》ドーム7.4個《こ》分《ぶん》。この広い敷地《しきち》に、将軍《しょうぐん》をおむかえする「御成書院《おなりしょいん》」から庭園《ていえん》までもを備《そな》えた屋敷が建《た》ち並《なら》んでいたのです。この前田家上屋敷は現在《げんざい》では東京大学のキャンパスとなっていますが、東大の別名《べつめい》「赤門《あかもん》」は、前田家上屋敷の朱塗《しゅぬ》りの門からきています。11代将軍家斉《だいしょうぐんいえなり》の娘《むすめ》・溶姫《やすひめ》が前田家13代当主《とうしゅ》の斉泰《なりやす》と結婚《けっこん》する際《さい》に造《つく》られたものです。

侍《さむらい》はつらいよ！ 旗本《はたもと》の暮《く》らし

江戸時代《えどじだい》265年の天下泰平《てんかたいへい》で武士《ぶし》たちの暮《く》らしにも変化《へんか》が…仕事《しごと》がなくなってしまったのです

江戸《えど》は人口《じんこう》のおよそ半分《はんぶん》、面積《めんせき》の7割《わり》を武《ぶ》家地《けち》が占《し》める「武士《ぶし》の町」でしたが、家康《いえやす》の天下統一《てんかとういつ》以降《いこう》、そんな武士たちの生活《せいかつ》に変化《へんか》が生《しょう》じます。天下が治《おさ》まったことで、戦《いくさ》という武士本来《ほんらい》の仕事《しごと》がなくなってしまったのです。

江戸幕府《ばくふ》はこうした旗本《はたもと》や御家人《ごけにん》に「番《ばん》方《かた》」という江戸城警備役《えどじょうけいびやく》や、町奉行《まちぶぎょう》や代官《だいかん》といった「役方《やくかた》」、あるいはこうした仕事の事務《じむ》につかせましたが、それでも仕事の数には限《かぎ》りがあります。そのため幕府は、「三日《みっか》勤《づと》め」という2日仕事に出ては1日休むという勤務状態《きんむじょうたい》にしていました。武士たちで仕事を分《わ》け合うようにしていたのです。

ただ、それでもすべての武士が仕事につけたわけではありません。俸禄米《ほうろくまい》という給料《きゅうりょう》はもらえるものの、仕事はない「寄合《よりあい》・小普請《こぶしん》組《ぐみ》」という制度《せいど》を作り、そこに旗本と御家人の4割以上《いじょう》を組み入れたのです。

寄合・小普請組の武士の唯一《ゆいいつ》の仕事は、「万一《まんいち》」の場合《ばあい》に備《そな》えて武芸《ぶげい》や学問《がくもん》に磨《みが》きをかけること。とはいえ幕府の体制《たいせい》は年々強《ねんねんきょう》固《こ》になるばかりで、「万一」など起こりそうもありません。その一方《いっぽう》、幕府からもらえる俸禄米は増《ふ》えないし、物価《ぶっか》は上がるばかりです。

こうした武士たちの間《あいだ》から、学者《がくしゃ》や芸術《げいじゅつ》家《か》になったり、町人《ちょうにん》たちに学問《がくもん》を教える者が出始《ではじ》めました。江戸文化《ぶんか》の発達《はったつ》には、こうした武士たちの存在《そんざい》があったのです。

「寄合《よりあい》・小普請組《こぶしんぐみ》」からは、不良化《ふりょうか》する武士《ぶし》も……

江戸文化《えどぶんか》を支《ささ》えた庶民《しょみん》の学問所《がくもんじょ》「寺子屋《てらこや》」

江戸町人《えどちょうにん》を始め、庶民《しょみん》に読み書きと算術《さんじゅつ》（計算《けいさん》）を教えた学校が「寺子屋《てらこや》」です。お坊《ぼう》さんが教えることが多かったことから「寺」子屋と言われましたが、江戸では仕事にあぶれた「寄合《よりあい》・小普請組《こぶしんぐみ》」の武士《ぶし》が先生になることもありました。いい評判《ひょうばん》が立てば、仕官《しかん》（大《だい》名家《みょうけ》などに就職《しゅうしょく》すること）のチャンスもあったからです。出版文化《しゅっぱんぶんか》（126ページ）は江戸文化の特徴の一つですが、その背景《はいけい》にはこうした「学《がく》もあればひまもある」武士たちの存在《そんざい》があったのです。

内職《ないしょく》に走る御家人《ごけにん》たち

武士《ぶし》だってお腹《なか》はすきます 貧《まず》しい御家人《ごけにん》が頼《たよ》ったのが 番傘張《ばんがさは》りなどの内職《ないしょく》※でした

領地《りょうち》を持つ「知行取《ちぎょうどり》」だった旗本《はたもと》とちがい、御家人《ごけにん》には「蔵前取《くらまえどり》」として幕府《ばくふ》から俸禄米《ほうろくまい》という給料《きゅうりょう》こそ支払《しはら》われていても、江戸《えど》時代《じだい》を通じて、これが加増《かぞう》（増《ふ》えること）されることはほとんどありませんでした。つまり、蔵前取の御家人で、幕府が始まったころの先祖《せんぞ》が１００俵《ぴょう》の俸禄米をもらっていたとしたら、幕末までの２６５年間、毎年《まいとし》１００俵しかもらえない状態《じょうたい》が続《つづ》いたのです。

貨幣経済《かへいけいざい》の発展《はってん》（16ページ）で物価《ぶっか》は上がる一方《いっぽう》でしたから、幕府で高い位《くらい》や実入《みい》りのいい役職《やくしょく》につけた少数《しょうすう》の者は別《べつ》として、多くの武士の生活《せいかつ》は苦しくなるばかり。こうした者たちが頼《たよ》ったのが内職《ないしょく》です。

武芸《ぶげい》の先生や寺子屋《てらこや》（57ページ）などは、比較的《ひかくてき》豊《ゆた》かな知行取の旗本らがやる内職でした。お正月などに砂糖《さとう》や半紙《はんし》といった贈《おく》り物《もの》を受《う》け取る程度《ていど》で、ほとんどが月謝《げっしゃ》なしのボランティアであったからです。

ですが俸禄米がほとんど増えない蔵前取の御家人となると、そんな優雅《ゆうが》なことはしていられません。青山《あおやま》（港区《みなとく》）では傘《かさ》とちょうちん、下谷《したや》（台東区《たいとうく》）の金魚《きんぎょ》、巣鴨《すがも》（豊島区《としまく》）のたこ張《は》りなど、武家地《ぶけち》一帯《いったい》が御家人の内職で江戸の一大商工業地区《いちだいしょうこうぎょうちく》となっていました。

ただし、聞こえのいい内職とそうでない内職があったようで、刀《かたな》とぎは前者《ぜんしゃ》で、ようじ造《づく》りは後者《こうしゃ》でした。ようじを売るときは脇差《わきざし》※を見えないようにし、さらにほおかぶりをして売ったそうです。

※内職……本来《ほんらい》の仕事《しごと》以外《いがい》に家計《かけい》を助けるためにする仕事のこと　※脇差……侍《さむらい》が差《さ》す小さな刀

いつの時代《じだい》も、生きていくのは大変《たいへん》……

番傘張《ばんがさは》り

貧《まず》しい御家人《ごけにん》の代表的《だいひょうてき》な内職《ないしょく》がこれ。武家地《ぶけち》である青山百《あおやまひゃく》人町《にんちょう》が江戸《えど》の番傘のおもな産《さん》地《ち》になったほど盛《さか》んだった

金魚《きんぎょ》の飼育《しいく》

御家人《ごけにん》といえど武士《ぶし》。幕《ばく》府《ふ》からはそれなりの広さの土地《とち》が与《あた》えられていた。そこで、その広さを活《い》かして行われていた内職が、金魚の飼育だよ

盆栽造《ぼんさいづく》り

大久保百人町《おおくぼひゃくにんちょう》（新宿区《しんじゅくく》）の鉄砲百人組《てっぽうひゃくにんぐみ》が育てるツツジは有名《ゆうめい》で、見物客《けんぶつきゃく》が押《お》しかけたそう

今も続《つづ》くお江戸の夏の風物詩《ふうぶつし》「おそれ入谷《いりや》の朝顔市《あさがおいち》」も、内職の朝顔を売りに出したのが始まりよ！

内職製品《ないしょくせいひん》に、地名《ちめい》がついているわけ

「青山《あおやま》の傘《かさ》とちょうちん」など、武士《ぶし》の内職《ないしょく》から始まった産業《さんぎょう》は地名《ちめい》をつけて呼《よ》ばれています。大《だい》名《みょう》と同じく、御家人《ごけにん》にも幕府《ばくふ》から土地《とち》が与《あた》えられましたが、同じ仕事《しごと》をする武士たちの組単位《くみたんい》で与えられるものでした。3年1組の生徒《せいと》たちが同じ教室《きょうしつ》で過《す》ごすように、「鉄砲《てっぽう》を扱《あつか》う鉄砲組の御家人たちにはこの土地」というように、組単位《くみたんい》で与えられていたのです。これを「組屋敷《くみやしき》」と言うよ。大勢《おおぜい》に与えられる土地ですからとても広く、そこを本拠《ほんきょ》に御家人たちが分業《ぶんぎょう》して仕事を請《う》け負《お》っていました。名産品《めいさんひん》が地域《ちいき》でまとまっていたのは、こうした理由《りゆう》があったのです。

知っとコーナー その二

移動《いどう》にだって格差《かくさ》あり！ 乗物《のりもの》と駕籠《かご》アレコレ

溜塗《ためぬ》り惣網代《そうあじろ》

権門駕籠《けんもんかご》

時代劇《じだいげき》でよく見るのが駕籠《かご》。これには将軍《しょうぐん》などえらい人が使う「乗物《のりもの》」と、庶民《しょみん》も乗ることができる「駕籠《かご》」の2つがあったよ。

将軍の乗物「溜塗《ためぬ》り惣網代《そうあじろ》」は、引《ひ》き戸《ど》を開けて乗《の》り降《お》りし、外装《がいそう》もウルシ塗《ぬ》りの上に模様《もよう》までいれた高級仕様《こうきゅうしよう》。大名《だいみょう》の乗物は「権門駕籠《けんもんかご》」といい、屋根《やね》や扉窓《とびらまど》を黒ウルシなどで仕上《しあ》げることができました。江戸《えど》庶民が愛用《あいよう》した「四《よ》つ手駕籠《でかご》」は、竹の柱《はしら》に割竹《わりたけ》で編《あ》んだ扉《とびら》を付けた簡単《かんたん》な駕籠で、現在《げんざい》でいうタクシーのようなもの。料金《りょうきん》は1里《り》（およそ4キロ）で400文《もん》ほど。今のお金で1万円ぐらいでした。現在《げんざい》のタクシー料金《りょうきん》と比《くら》べるととても高価《こうか》で、庶民にとってはそれほど気軽《きがる》に乗れるものではなかったようだよ。「唐丸駕籠《とうまるかご》」は、罪人《ざいにん》を運んだいわばパトカーです。

四《よ》つ手駕籠《でかご》

唐丸駕籠《とうまるかご》

第3章

江戸《えど》庶民《しょみん》の暮《く》らし

江戸《えど》を支《ささ》えた農民《のうみん》と町人《ちょうにん》

江戸《えど》は「武士《ぶし》の都市《とし》」でも、それを支《ささ》えたのは農民《のうみん》であり町人《ちょうにん》だったよ

徳川家康《とくがわいえやす》が開《ひら》いた江戸《えど》の町は、その7割《わり》が武家地《ぶけち》。武士《ぶし》を主役《しゅやく》にすえた、「武士《ぶし》のための都市《とし》」です。とはいえそれを支《ささ》えたのは、江戸の町のまわりに住《す》む農民《のうみん》であり、武家地の残りの3割の、そのさらに半分《はんぶん》※に住む町人《ちょうにん》たちでした。農民が作る作物《さくもつ》が武士たちの食を支え、町人たちの商品《しょうひん》やサービスが暮《く》らしを支えていたのです。

江戸は人口《じんこう》100万人。当時《とうじ》としては世界《せかい》一《いち》の大都市《だいとし》でしたが、繁華街《はんかがい》の日本橋《にほんばし》から5キロも行けば一面《いちめん》が農地《のうち》。いまでは若者《わかもの》や外国人観光客《かんこうきゃく》でにぎわうあの渋谷《しぶや》も、田畑《たはた》が広がるばかりでした。こうした江戸周辺《しゅうへん》や関《かん》東《とう》の農民が作る作物は「地回《じまわ》り物《もの》」と言われ、キュウリやダイコン、ナスといった野菜《やさい》がさかんに作られていました。

江戸を支えたもう一方《いっぽう》の町人は、武家地やお寺と神社《じんじゃ》のための寺社地《じしゃち》を除《のぞ》いたわずかな「町人地《ちょうにんち》」に、つめこまれるように住んでいました。町人地の大通《おおどお》り、たとえば日本橋などには越後屋呉服店《えちごやごふくてん》（32ページ）や白木屋《しろきや》などの大店《おおだな》（大商店《だいしょうてん》）が、白いしっくいに瓦《かわら》屋根《やね》のりっぱなたたずまいをみせていましたが、一歩裏《いっぽうら》に入ると様子《ようす》が一変《いっぺん》します。9尺《しゃく》2間《けん》（間口《まぐち》が9尺＝2・7メートルで奥行《おくゆ》きが2間＝3・6メートル）、たたみ五畳半《じょうはん》ほどの部屋《へや》が続《つづ》く「長屋《ながや》」や、それよりも狭《せま》い「棟割長屋《むねわりながや》」が連《つら》なり、職人《しょくにん》や棒手振《ぼてふり》（行商人《ぎょうしょうにん》）、大店で働《はたら》く奉公人《ほうこうにん》などが、肩《かた》を寄《よ》せ合うようにして住んでいました。

※武家地の残りの３割のそのさらに半分……３割の半分は寺社地で、その残りが町人地だった

若者《わかもの》の街《まち》・渋谷《しぶや》だって、江戸時代《えどじだい》はこのとおり！

おいらの時代《じだい》にゃ
あの渋谷駅《しぶやえき》や道玄坂《どうげんざか》あたり
も田んぼと畑ばっかりよ！

男あまり都市《とし》・江戸《えど》

江戸《えど》は、諸国《しょこく》の大名《だいみょう》が家来《けらい》を引《ひ》き連《つ》れ1年おきにやってくる参勤交代《さんきんこうたい》の目的地《もくてきち》。そのため男性《だんせい》の多い都市《とし》でした。これは町人《ちょうにん》も同じで、享《きょう》保《ほう》6(1721)年の調査《ちょうさ》によると男性人口《じんこう》32万人《まんにん》に対《たい》し、女性《じょせい》は18万人。男性人口が女性の2倍近く多かったのです。これは江戸で一旗揚《ひとはたあ》げようと、近隣農家《きんりんのうか》から家を継《つ》げない次男《じなん》や三男《さんなん》が大量《たいりょう》に入ってきたからでした。江戸にはこうした男性をターゲットにした、素早《すばや》く食べられる寿司《すし》やそば、棒手振《ぼてふり》(83ページ)などの商売《しょうばい》が、たくさん誕生《たんじょう》していくよ。

女性
18万人
男性
32万人

農民《のうみん》たちの暮《く》らし

広々《ひろびろ》とした家にたくさんの休み
江戸近隣《えどきんりん》の農民《のうみん》の暮《く》らしはなかなか豊《ゆた》かなものだったよ

収穫物《しゅうかくぶつ》の4割《わり》は年貢《ねんぐ》※、農民《のうみん》が自分《じぶん》のものにできるのは6割ということをしめす「四公《しこう》六民《ろくみん》」という言葉《ことば》や、映画《えいが》などの影響《えいきょう》で、江《え》戸時代《どじだい》の農民というと「重い年貢に苦《くる》しむ貧《まず》しい人たち」というイメージがあるようです。

ききんの時を除《のぞ》いてこれは誤解《ごかい》で、ぜいたくとは言えないまでも、そこそこ豊《ゆた》かな暮《く》らしをしていました。特《とく》に自分《じぶん》の土地《とち》を持っていた「本百姓《ほんびゃくしょう》」ともなると、家は間口《まぐち》が10間《けん》（およそ18メートル）で奥行《おくゆ》きが6間（11メートル）の60坪《つぼ》（198㎡）。町民《ちょうみん》よりもずっと広い家に住み、田畑を耕《たがや》すのに使用人《しようにん》を使ったり、お正月やお祭り、節句《せっく》などに加《くわ》え、年間《ねんかん》20日あまりの休みもありました。

江戸という一大消費地《いちだいしょうひち》をひかえた江戸近隣の農民たちは、なかなかの暮らしぶりだったのです。

食事《しょくじ》は朝夕《あさゆう》の2食が基本《きほん》で、アワやヒエ、キビなど米以外《いがい》の雑穀《ざっこく》を、漬物《つけもの》と汁物《しるもの》で食べていましたが、「小昼《こびる》」として昼に手作りのお団子《だんご》を食べたり、川で釣《つ》った魚を食べたり、手製《てせい》のお酒であるドブロクを飲むこともできました。お米でなく雑穀を食べていたのも、お米ならお金にすることができたからです。さらには綿《わた》や菜種《なたね》などの作物《さくもつ》を作り、江戸などで売ることもできました。貨幣《かへい》による経済《けいざい》は、農村《のうそん》にも浸透《しんとう》していたのです。

そうした生活《せいかつ》を変えたのがあの8代将《だいしょう》軍《ぐん》・吉宗《よしむね》。年貢を「五公五民《ごこうごみん》」とすると、生活は徐々《じょじょ》に苦《くる》しくなっていきました。

※年貢……毎年《まいとし》の税金《ぜいきん》として納《おさ》めた物やお米のこと

農民《のうみん》の暮《く》らしを変《か》えた農機具《のうきぐ》の発達《はったつ》

からさお／くるり

木の先に棒《ぼう》や板を付けた農機具。棒や板を回転《かいてん》させて、麦《むぎ》や稲《いね》を打って脱穀する。千歯こきで脱穀しきれなかった時に使うよ

備中《びっちゅう》ぐわ

鉄製《てつせい》で重さがあり、刃先《はさき》が分《わ》かれているので土がつきにくく、より深く耕《たがや》すことができたよ

江戸時代《えどじだい》は８割《わり》が農民よ！
農機具の発達がどれほど
みんなを助けたことか……

千歯《せんば》こき

元禄元《げんろくがん》（1688）年に発明《はつめい》されたのが千歯こき。鉄製の歯の間に稲《いな》わらを入れてもみを脱穀《だっこく》しました

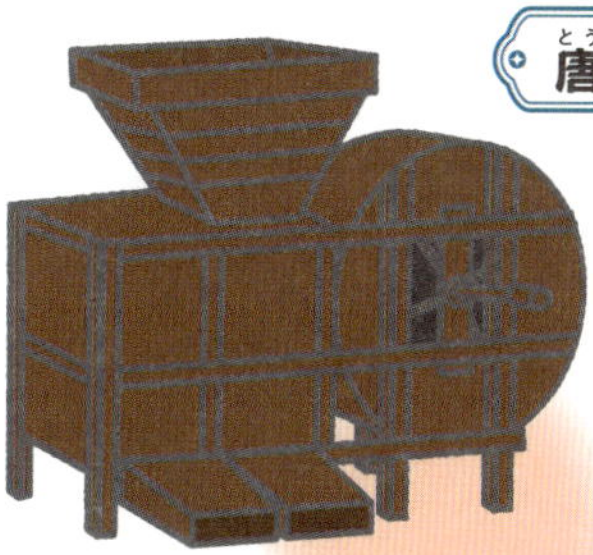

唐箕《とうみ》

ドラム型《がた》の翼車《つばさぐるま》を回して風を起こし、実の入っていないもみがらやゴミを吹き飛《と》ばした

幕府《ばくふ》

- 郡代《ぐんだい》…10万石以上《まんこくいじょう》の直轄領《ちょっかつりょう》※で年貢《ねんぐ》を取り立てた役人《やくにん》
- 代官《だいかん》…10万石未満《みまん》の直轄領で年貢を取り立てた役人

↓

村方三役《むらかたさんやく》

- 名主《なぬし》（庄屋《しょうや》）…村の長《おさ》（村長《そんちょう》）
- 組頭《くみがしら》…名主のサポート役《やく》
- 百姓代《ひゃくしょうだい》…みんなの意見《いけん》をまとめ、名主や組頭と年《ねん》貢《ぐ》の量《りょう》や割合《わりあい》などを交渉《こうしょう》する

↓

- 本百姓《ほんびゃくしょう》…自分の田畑や、使用人を持つ場合も

↓

- 水呑《みずの》み百姓…自分の田畑は持たない

水呑《みずの》み百姓《ひゃくしょう》と村請制度《むらうけせいど》

江戸時代《えどじだい》、農民《のうみん》には自分《じぶん》の田畑を持つ「本百姓《ほんびゃくしょう》」と、小作料という田畑の使用料《しようりょう》を支払って本百姓の田畑を耕《たがや》す「水呑《みずの》み百姓」の2つがありました。本百姓は村の寄合《よりあい》（会議《かいぎ》）に参加《さんか》して意見《いけん》を言うことができましたが、水呑み百姓は参加できません。年貢《ねんぐ》は村単位《たんい》で納《おさ》めるもので（村請制度《むらうけせいど》）、本百姓から選《えら》ばれた名主《なぬし》（庄屋《しょうや》）が、組頭《くみがしら》の助けを受けつつ百姓代《ひゃくしょうだい》からの意見《いけん》を聞き、取りまとめて納《おさ》めました。この3つの役目のことを「村方三役《むらかたさんやく》」と言うよ。

※直轄領……幕府が直接支配《ちょくせつしはい》していた領地《りょうち》のこと

町人《ちょうにん》たちの暮《く》らし

町人地《ちょうにんち》の特徴《とくちょう》が「自治《じち》」※
江戸《えど》の庶民《しょみん》は自分《じぶん》の町を
自分たちで守っていたよ

江戸の総面積《そうめんせき》のおよそ3割《わり》に、肩《かた》を寄《よ》せ合うように住んでいたのが町人《ちょうにん》たち。人口密度《じんこうみつど》は1平方《へいほう》キロメートルあたり5万人《まんにん》にも上《のぼ》ります。こんなにたくさんの人びとが狭《せま》い土地《とち》で暮《く》らしていて、もめごとが起こらないわけがありません。

そんな町で警察《けいさつ》の役割《やくわり》を果《は》たしていたのが「町奉行《まちぶぎょう》」。南町《みなみまち》奉行と北町《きたまち》奉行の2つがあって、刑事《けいじ》というべき「与力《よりき》」が、「同心《どうしん》」というおまわりさん、さらにはその手下の町人である「岡《おか》っ引《ぴ》き」を指揮《しき》して、月替《つきが》わりで町を取り締《し》まり、消防《しょうぼう》や裁判所《さいばんしょ》の役目《やくめ》を果《は》たしていました。

町の平和《へいわ》には、町人自身《じしん》も大きな役目を果《は》たしていました。町奉行の下には「年寄《としより》」、さらには「名主《なぬし》」という役目が設《もう》けられ、幕《ばく》府《ふ》からの命令《めいれい》の伝達役《でんたつやく》や、もめごとを解消《かいしょう》させる役割《やくわり》を担《にな》わせていたのです。

防犯《ぼうはん》にも、町人自身が活躍《かつやく》したよ。八百《はっぴゃく》八町《やちょう》とも言われた江戸の町々には入口《いりぐち》に木戸《きど》（木の扉《とびら》）が設《もう》けられ、夜10時には閉《と》じられることになっていました。木戸の横には「番《ばん》屋《や》」という番人《ばんにん》のための小屋《こや》や「火の見《み》やぐら」を備《そな》えた「自身番《じしんばん》」があり、町の人たちが順番《じゅんばん》で警備《けいび》し、交番《こうばん》と消防署《しょうぼうしょ》の役割《やくわり》を果《は》たしていました。こうした防犯対策《ぼうはんたいさく》もあって、犯罪《はんざい》はスリなど軽《かる》いものがほとんどで、こうしたスリどもは「自身番」に引っ立てられていきました。江戸八百八町は、江戸の町民自身の手で守られていたのです。

※自治……自分《じぶん》たちの問題《もんだい》を自分たちで処理《しょり》すること

防犯《ぼうはん》と防火《ぼうか》の基地《きち》・木戸横《きどよこ》の「自身番《じしんばん》」と番屋《ばんや》

南町奉行《みなみまちぶぎょう》・大岡越前《おおおかえちぜん》と北町奉行《きたまちぶぎょう》・遠山景元《とおやまかげもと》

時代劇《じだいげき》で有名《ゆうめい》な大岡越前と、「遠山《とおやま》の金さん」こと遠山景元は、どちらも実在《じつざい》の人物《じんぶつ》だよ。大岡は、大金が入ったサイフを拾《ひろ》った者《もの》と、落《お》とし主《ぬし》の両者《りょうしゃ》の顔を立てた「三方一両損《さんぼういちりょうぞん》」などの「大岡さばき」や町火消《まちびけし》の結成《けっせい》などで、いまでも慕《した》われ続《つづ》けているよ。遠山も、水野忠邦《みずのただくに》の厳《きび》しすぎる「天保《てんぽう》の改革《かいかく》」に反対《はんたい》したことで庶民《しょみん》の味方《みかた》とたたえられました。とはいえ「大岡さばき」の話もすべてが実話《じつわ》ではない様子《ようす》。遠山も入《い》れ墨《ずみ》こそ入れていたようですが、桜吹雪《さくらふぶき》でも、お白州《しらす》※でもろ肌脱《はだぬ》いだわけでもないようです。

※とび職……建設現場《けんせつげんば》で高いところで足場を組む職人《しょくにん》のこと　※お白州……奉行所《ぶぎょうしょ》に設《もう》けられた裁《さば》きの場。現在《げんざい》の法廷《ほうてい》のような場所《ばしょ》のこと。白い小石が敷《し》きつめられていたことからこう呼《よ》ばれた

庶民《しょみん》の住《す》まい・長屋《ながや》の暮《く》らし

江戸《えど》の町人《ちょうにん》50万人《まんにん》の大半《たいはん》が住んでいたのが長屋《ながや》だよ 4畳半《よじょうはん》+土間《どま》の小さな住まいでした

町人地《ちょうにんち》には2つの表情《ひょうじょう》がありました。2階《かい》建《だ》てのりっぱなお店《たな》（表店《おもてだな》）がならぶ表通《おもてどお》りと、その裏《うら》にある「長屋《ながや》」です。表店に住めるのは裕福《ゆうふく》な商人《しょうにん》だけで、江戸《えど》庶民《しょみん》の多くは長屋を住《す》まいにしていました。住まいの格差《かくさ》は大名《だいみょう》だけでなく（54ページ）、町民にもあったのです。

長屋は「9尺《しゃく》2間《けん》」（62ページ）と呼《よ》ばれ、五畳半《ごじょうはん》ほどのスペースを、四《よ》畳半のたたみ部屋《へや》と、かまどなどが置《お》かれた土間《どま》で分けたいまでいう「1K《ワンケイ》」※。この狭《せま》い空間《くうかん》に家族《かぞく》が肩《かた》を寄《よ》せ合って暮《く》らしていました。一人《ひとり》住まいの人などには、わずか三畳というもっと狭い住まいもあったそうです。

9尺2間の家賃《やちん》は月500文《もん》（1万2500円）ぐらい。井戸《いど》と厠《かわや》（トイレ）は共用《きょうよう》で、お風呂《ふろ》は湯屋《ゆや》という銭湯《せんとう》（72ページ）を利用《りよう》します。ちなみに「井戸端会議《いどばたかいぎ》」という言葉《ことば》は、長屋のおかみさんどうしが井戸のまわりで洗《あら》い物《もの》をする様子《ようす》から生まれたよ。

「火事《かじ》とケンカは江戸の華《はな》」というように、江戸はなんども大火事《おおかじ》に見舞《みま》われています。常《つね》に火事の危険《きけん》にさらされていて、十分《じゅうぶん》な消火設備《かせつび》も持《も》たない長屋は、いつかは燃《も》えてしまうものというのが前提《ぜんてい》。ですから天井《てんじょう》はなく屋根《やね》だけで、壁《かべ》も薄《うす》い安普請《やすぶしん》※。お隣《となり》の夫《ふう》婦《ふ》ゲンカの内容《ないよう》が丸わかりになるような状態《じょうたい》でしたが、壁越《かべご》しに「ナベを貸《か》してくれ！」と叫《さけ》べば「あいよ！」という声が返ってくるような気安《きやす》さもありました。

※1K……1部屋《へや》＋Kitchen《キッチン》（台所《だいどころ》）の意味《いみ》　※安普請……お金をかけずに作られた安っぽい家のこと

狭《せま》くても楽しいわが家が「長屋《ながや》」だよ

天井《てんじょう》はなく、屋根《やね》だけ
ついたての向《む》こうにせんべい布団《ふとん》が
垂《た》れ下《さが》った布《ぬの》は、「蚊帳《かや》」。寝《ね》ているときには天井《てんじょう》からこれを吊《つ》り、蚊《か》に喰《く》われないようにしたんだ
かがみがあることを見ると夫婦者《ふうふもの》が住んでいるよう
台所《だいどころ》にはかまどなども

あっしのダチ公《こう》、深川《ふかがわ》三組《さんくみ》のくま公《こう》が住んでた深川佐賀町《さがちょう》（江東区《こうとうく》）あたりの長屋《ながや》よ！

洗《あら》い物《もの》は共同《きょうどう》の井戸《いど》で。埋《う》め立《た》て地《ち》の深川《ふかがわ》では、飲用水《いんようすい》は「水売《みずう》り」が売りに来た
ゴミ捨《す》て場《ば》はあるものの、リサイクル都《と》市《し》・江戸《えど》では、ゴミはほとんどなし

協力／江東区深川江戸資料館

華《はな》のお江戸《えど》のトイレ事情《じじょう》

長屋《ながや》の男女全員《だんじょぜんいん》の共用《きょうよう》で
扉《とびら》も下《した》だけの丸見え状態《じょうたい》
それが江戸のトイレです

古今東西《ここんとうざい》※、人の住む場所《ばしょ》にはかならず厠《かわや》（トイレ）あり。江戸《えど》もそれは同じですが、長屋《ながや》の住人全員《じゅうにんぜんいん》の共用《きょうよう》の上、もちろん水洗《すいせん》でもなければウォシュレットもありません。それどころか、便器《べんき》の下はうんちやおしっこを受《う》け止める肥《こえ》だるを置《お》いただけで、臭《にお》いがこもるのをふせぐために扉《とびら》も下半分《したはんぶん》だけ。いまは誰《だれ》が使用《しよう》しているかまで、すぐにわかってしまうものでした。

ちなみに、いまでいうトイレットペーパーは、紙買い（27ページ）が集めた紙をすきなおした「浅草紙《あさくさがみ》」が使われていましたが、田舎《いなか》などでは、「くそへら」というわりばしほどの大きさの木べらが使われていました。江戸時代《じだい》の庶民《しょみん》たちは、こうしたトイレで用《よう》を足《た》していたのです。

大人数《おおにんずう》が使う厠ですが、長屋の住人が臭《にお》いに悩《なや》まされることはあまりなかったようだよ。

作物《さくもつ》のための化学肥料《かがくひりょう》などなかった時代、うんちは最高《さいこう》の肥料になりました。そのため、江戸近郊《きんこう》の農家《のうか》が競《きそ》って引《ひ》き取《と》りに来てくれたからです。くみ取ったうんちは江戸に野菜《やさい》を運んできた船や馬の背《せ》に乗せて、農村《のうそん》まで持って帰りました。

これはのちに、「下肥買《しもごえが》い」と呼《よ》ばれる専《せん》門業者《もんぎょうしゃ》まで誕生《たんじょう》したほど。「買い」という言《こと》葉《ば》が使われているように有料《ゆうりょう》で、農家《のうか》や下肥買いのほうがお金を払《はら》い、あるいは代金《だいきん》代《が》わりの野菜をあげて、うんちをくみ取らせてもらっていました。

※古今東西……「昔《むかし》から今まで、あらゆる場所《ばしょ》で」という意味《いみ》

これじゃあ、出るモノも出なくなりそう……

下肥買《しもごえが》いは、「下肥問屋《どんや》」という問屋までできたというからおそれ入谷《いりや》の鬼子母神《きしもじん》※よ！

プロは指《ゆび》をつっ込《こ》み、質《しつ》を確認《かくにん》していたとか……

華《はな》のお江戸《えど》をうんちだらけにしないためにも、下肥取《しもごえど》りは大切《たいせつ》な仕事《しごと》です。いい肥料《ひりょう》になるもっともいい下肥は、日々《ひび》おいしいものを食べているお大名《だいみょう》たちのうんち。参勤交代《さんきんこうたい》が通る街道《かいどう》では、農家《のうか》は街道沿《ぞ》いに臨時《りんじ》トイレを設置《せっち》して利用《りよう》をうながしていました。そのつぎに歓迎《かんげい》されたのは、豊《ゆた》かな商人《しょうにん》たちや吉原《よしわら》の遊女《ゆうじょ》たち(128ページ)のうんちで、最低《さいてい》ランクは貧乏暮《びんぼうぐ》らしの下級武士《かきゅうぶし》だったそうです。

※おそれ入谷の鬼子母神……「おそれ入《い》りました」という言葉《ことば》に、地名《ちめい》（入谷）と、この地にある神社《じんじゃ》でお祭《まつ》りされている神《かみ》さま（鬼子母神）をかけた言葉遊《ことばあそ》び。江戸っ子《この》が好《き》んだ決まり文句《もんく》の一つ

銭湯《せんとう》は男女混浴《だんじょこんよく》

**日本人《にほんじん》はみんなお風呂《ふろ》が大好《だいす》き！
でも江戸時代《えどじだい》は
いまとはちょっと様子《ようす》がちがったよ**

たっぷりのお湯につかる入浴《にゅうよく》は、身体《からだ》にとってなによりものごちそう。ですがお風呂《ふろ》場《ば》など、将軍《しょうぐん》でもないかぎり持てません。長《なが》屋《や》の住人《じゅうにん》はもちろん、武士《ぶし》から豪商《ごうしょう》まで、お風呂は湯屋《ゆや》という銭湯《せんとう》で入るものでした。

当時《とうじ》の湯屋はほとんどが男女混浴《こんよく》。なにごとにも口うるさい松平定信《まつだいらさだのぶ》が寛政《かんせい》の改革《かいかく》（18ページ）で混浴禁止令《こんよくきんしれい》を出しましたが、男女で分けると燃料にするまきもスペースも倍《ばい》必要《ひつよう》です。高くつくことになり、松平が力を失《うしな》うと、すぐに混浴が復活《ふっかつ》しました。

湯屋ではせっかくのお湯がさめないよう、湯船《ゆぶね》はわずか90センチほどの高さしかない「ざくろ口《ぐち》」という扉《とびら》の向こうに置《お》かれ、洗《あら》い場《ば》には電灯《でんとう》もなく、明《あ》かりといえば菜種《なたね》油《あぶら》を燃《も》やした灯明《とうみょう》ぐらい。夜になると湯気《ゆげ》と暗さで隣《となり》が女性《じょせい》なのか男性《だんせい》なのかもよくわからないような状態《じょうたい》でした。

そんな薄暗《うすぐら》い浴室《よくしつ》では、湯船につかる際《さい》には、ざくろ口で「冷《ひ》えもんでござい（身体が冷《ひ》え切《き》った者がおじゃまします）」と一声《ひとこえ》かけるのがマナーでした。

湯屋の2階《かい》には男性客限定でお茶やお菓子《かし》が用意《ようい》された娯楽室《ごらくしつ》が設《もう》けられ、碁《ご》や将棋《しょうぎ》、うわさ話などを楽しむことができました。犯《はん》罪《ざい》の情報集《じゅうほうあつ》めに、岡《おか》っ引《ぴ》き（66ページ）が娯楽室に張《は》り込《こ》むこともあったそうだよ。入浴《にゅうよく》料《りょう》は時代《じだい》によってかわりますが、6文《もん》から10文（150〜250円ぐらい）と、とても手ごろでした。

湯屋《ゆや》は今日《きょう》も風呂好《ふろず》きの江戸《えど》っ子たちで大《おお》にぎわい

正面《しょうめん》の花の絵が描《えが》かれた
狭《せま》い入口《いりぐち》「ざくろ口」の
奥《おく》が、湯船《ゆぶね》のある浴室《よくしつ》よ
あっしもひとっ風呂《ぷろ》
浴《あ》びて帰《けえ》るぜ！

フリーパス制度《せいど》もあった湯屋《ゆや》の入浴《にゅうよく》

江戸時代《えどじだい》の終わりには湯屋の数は600軒《けん》にも。いかに江戸っ子がお風呂好《ふろず》きだったかがわかります。湯屋には「羽書《はがき》」という使い放題《ほうだい》のいわばフリーパスポートが用意《ようい》されていて、1ヶ月150文《もん》（3750円）ぐらい。多くの江戸庶民《しょみん》がこれを利用《りよう》していました。江戸はありとあらゆるものが再《さい》利用されていたリサイクル都市《とし》でしたが、湯屋もそれは同じでした。とことん使いつくされた布《ぬの》や木材《もくざい》がごみ捨《す》て場《ば》から集められ、湯をわかすのに利用されました。湯屋は江戸のゴミ焼却施設《しょうきゃくしせつ》でもあったのです。

江戸《えど》の郵便《ゆうびん》事情《じじょう》

江戸《えど》の郵便屋《ゆうびんや》さんが飛脚《ひきゃく》と呼《よ》ばれる人たち
江戸～大坂間《おおさかかん》を3日で走る人も！

江戸《えど》の郵便兼宅配業者《ゆうびんけんたくはいぎょうしゃ》ともいうべき存在《そんざい》が飛脚《ひきゃく》です。腹《はら》がけをつけ、ふんどしをチラリとのぞかせる小粋《こいき》な姿《すがた》は、かつては宅配便のトラックでトレードマークとなっていました。

走ることを仕事《しごと》としていただけに、健脚《けんきゃく》※ぞろい。幕府《ばくふ》の書類《しょるい》や荷物《にもつ》を運んだ「継飛脚《つぎびきゃく》」と呼《よ》ばれる人たちは二人一組《ふたりひとくみ》で走り、夜には「御用《ごよう》」と書かれたちょうちんを掲《かか》げていました。これに出会《であ》うと大名行列《だいみょうぎょうれつ》ですら道を空《あ》けなければなりません。飛脚としてはもっとも優秀《ゆうしゅう》で、200キロを24時間《じかん》で走ったというよ。

江戸庶民《しょみん》も手紙《てがみ》や荷物の運搬《うんぱん》に「町飛脚《まちびきゃく》」を利用《りよう》しました。江戸から大坂《おおさか》まで、到着《とうちゃく》に1か月ほど必要《ひつよう》な「並便《なみびん》」だと料金《りょうきん》は銀3分《ぶ》から15匁《もんめ》（300～1万5000円）、10日後到着の定期便《ていきびん》の「幸便《こうびん》」だと銀6分から25匁（600～2万5000円）です。さらには江戸四里四方《よりしほう》※を配達先《はいたつさき》とする飛脚もいて、この場合《ばあい》の料金はそば1～2杯程度《はいていど》（500～1000円）でした。

越後屋呉服店《えちごやごふくてん》（32ページ）などの大店《おおだな》ともなると、上方《かみがた》との連絡用《れんらくよう》に「三度飛脚《さんどびきゃく》」という月3回の定期便《びん》まで持っていました。この三度飛脚がかぶっていた編《あ》み笠《がさ》が、「三度笠《さんどがさ》」だよ。

こうした飛脚たちが利用《りよう》したのが、五街道《ごかいどう》や脇街道《わきかいどう》（24ページ）。江戸の驚《おどろ》くほど効率的《こうりつてき》な物流《ぶつりゅう》は、この充実《じゅうじつ》した道路網《どうろもう》あってこそ、だったのです。

※健脚……足が強くよく歩けることや、その強い足のことをいう言葉《ことば》　※四里四方……東西南北の距離《きょり》がそれぞれ四里（15.7キロメートル）の範囲《はんい》であること

五街道《ごかいどう》を、情報《じょうほう》と荷物《にもつ》が行《い》き交《か》う

大名《だいみょう》が、領地《りょうち》と江戸《えど》との連絡《れんらく》に
利用《りよう》したのが大名飛脚《びきゃく》。7里《し》
（およそ28キロ）ごとに引《ひ》き継《つ》ぎ用《よう》
の小屋《こや》を置《お》いていたことから
「七里飛脚《しちりびきゃく》」とも呼《よ》ばれていたぜ！

ところが旅はなかなか大変《たいへん》

時間《じかん》はかかれど比較的安《ひかくてきやす》かった町飛脚《まちびきゃく》に対《たい》し、旅そのものはたいそうなお金がかかりました。一《いっ》般《ぱん》の人の足でおよそ2週間《しゅうかん》かかったという江戸《えど》から京都《きょうと》まで旅すると、片道《かたみち》だいたい2両半《りょうはん》（25万円《まんえん》）は必要《ひつよう》でした。2週間、宿で夜を過《す》ごさねばなりませんし、道ぞいの大井川《おおいがわ》には橋もなく、川越人足《かわごえにんそく》という旅人《たびびと》を肩車《かたぐるま》や連台《れんだい》という輿《こし》で運んでくれる人たちの料金《りょうきん》も川の水量《すいりょう》で変《か》わりました。そのため、旅はなかなか高くついたのです。ちなみに当時《とうじ》、住み込《こ》みで働《はたら》く下男《げなん》の給料《きゅうりょう》は年2両（20万円）ほど。江戸から京都に行くためには、1年以上《いじょう》働く必要《ひつよう》があったのです。

江《え》戸《ど》のファッション

ファッションはいつの時代《じだい》も女子《じょし》の命！ 江戸女子にはしぶめの色柄《いろがら》がイケていたようだよ

江戸《えど》町人《ちょうにん》のファッションを一言《ひとこと》で表現《ひょうげん》すると、「粋《いき》」がそれにあたるでしょうか。都《と》会的《かいてき》でさっぱりとしていて、ぐっとくるようなセクシーさが「粋」。男女とも、そんなファッションが好《この》まれました。

この時代《じだい》、男女を問《と》わず着用《ちゃくよう》されたのが小《こ》袖《そで》です。動きやすい、袖《そで》の小さな着物《きもの》のことで、ぜいたくを禁止《きんし》する法律《ほうりつ》の「奢侈禁止《しゃしきんし》令《れい》」が何度《なんど》も出されたこともあって、柄《がら》はしま模様《もよう》や格子柄《こうしがら》、小さな模様が繰《く》り返《かえ》される小紋柄《こもんがら》など地味《じみ》めの柄が多く、これらを灰色《はいいろ》や紺色《こんいろ》、茶色《ちゃいろ》などのしぶい色に染《そ》めて着るのです。

センスの見せ所は長襦袢《ながじゅばん》という下着《したぎ》。地味めの小袖から緋色《ひいろ》（赤色）の襦袢をチラリとのぞかせ、足の白さをきわだたせて男性《だんせい》をドキリとさせます。もともとは吉原《よしわら》（128ページ）の女性《じょせい》が始めたファッションテクで、こんな「ちょっと見、地味だけどセクシーでカッコイイ！」が、イケてる女子《じょし》が押《お》さえておきたいポイントでした。

江戸男子《だんし》にもしぶい色合《いろあ》いのしま模様や格子柄が好まれましたが、帯《おび》はあえて派手めにし、タバコ入れや根付《ねつ》け※などの小物《こもの》で個性《こせい》を発揮《はっき》していました。

ちなみに小袖と帯だけで、はかまもはかなければ羽織《はおり》も着ないスタイルを「着流《きなが》し」といい、着物のすそからももひきをチラリと見せたり、ずきんを首に巻《ま》いたりするのは、大《だい》流行《りゅうこう》したファッションテクの一つでした。

※根付け……江戸時代《えどじだい》に使われたとめ具《ぐ》のこと。印《いん》ろうや携帯用《けいたいよう》タバコ入れなどの先につけ、帯にひっかけて持ち運ぶためのもの

「あの男子《だんし》、よくない?」「マアマアね」。そんな会話《かいわ》が聞こえてきそう

結婚《けっこん》した女性《じょせい》のあかし「お歯黒《はぐろ》」

きれいでありたいのは、令和女子《れいわじょし》も江戸《えど》女子も変《か》わりません。江戸時代《じだい》にも化粧水《けしょうすい》もあれば、化粧品《ひん》もありました。代表的《だいひょうてき》な化粧水が「花の露《つゆ》」。いばらの花を蒸留《じょうりゅう》した化粧水です。ヘチマから採《と》った水をつかった「ヘチマ水《すい》」もよく使われました。こうした化粧水でお肌《はだ》の調子《ちょうし》を整《ととの》えたら、「ハフニ」という鉛《なまり》から作られたおしろいを首や胸《むね》まで塗《ぬ》ります。鼻は濃《こ》く塗ることで、高く、鼻筋《はなすじ》が通ったように見せていました。結婚《けっこん》した女性《じょせい》は「お歯黒《はぐろ》」を塗るのが決《き》まりです。これは五倍子《ふし》という粉《こな》を酸《さん》で溶《と》かした液体《えきたい》のこと。五倍子の効果《こうか》で歯はまっ黒になりますが、五倍子に含《ふく》まれるタンニンという物質《ぶっしつ》が、虫歯《むしば》と歯周病《ししゅうびょう》の予防《よぼう》になりました。

江戸《えど》のヘアスタイル

江戸時代《えどじだい》、ヘアスタイルはファッションであり同時《どうじ》に職業《しょくぎょう》や身分《みぶん》を示《しめ》すものだったよ

ヘアスタイルはおしゃれのかなめ。これは江戸時代《えどじだい》も同じで、『当世風俗通《とうせいふうぞくつう》』という男性《だんせい》向《む》けヘアカタログ本まであったほどです。男女とも、江戸265年を通《とお》して、さまざまな流行《りゅうこう》やバリエーションがありましたが、身分《みぶん》や職業《しょくぎょう》、女性《じょせい》なら結婚《けっこん》しているかしていないかでも変わりました。

江戸時代中ごろの男性町人《ちょうにん》に好《この》まれたのが「本多《ほんだ》まげ」です。「吉原《よしわら》（128ページ）ではこれでなければ女性から相手《あいて》にされない」といわれたほど。まじめな武士《ぶし》はまげが太くてりっぱな「大《おお》いちょう」が、町人は「小いちょう」が人気でした。

女性《じょせい》の場合《ばあい》、前髪《まえがみ》と頭横《あたまよこ》の「びん」、頭の上の「まげ」、うなじ（首《くび》すじ）付近《ふきん》の「たぼ」の4か所《しょ》を変化《へんか》させることでさまざまなバリエーションを作りました。結婚前《けっこんまえ》は「島田《しまだ》まげ」のバリエーションが、結婚してからは「丸《まる》まげ」が好まれました。

「島田まげ」は、東海道《とうかいどう》の島田宿《しまだじゅく》（静岡県《しずおかけん》）で始まったヘアスタイル。これをアレンジした「文金高島田《ぶんきんたかしまだ》」は、いまでも和式《わしき》の結婚式《しき》で見ることができるよ。「丸まげ」は前髪がだ円形《えんけい》で、丸いのが特徴《とくちょう》でした。

江戸時代は身分《みぶん》のちがいがはっきりしていた時代。町人《ちょうにん》が武士《ぶし》に無礼《ぶれい》なことをしたり、男性《だんせい》が結婚した女性にこころを寄《よ》せたりしたら、大変《たいへん》なことになりかねません。そのためにも、ヘアスタイルにちがいを持たせることは、大切《たいせつ》なことだったのです。

ヘアスタイルで身分《みぶん》も職業《しょくぎょう》も丸わかり！

大《おお》いちょう
狭《せま》めの月代《さかやき》※と太くて長いまげでりりしく
小いちょう
広い月代とふくらませたたぼが特徴《とくちょう》
総髪《そうはつ》
月代の手入《てい》れが不要《ふよう》で手間《てま》がかからない。医者《いしゃ》や学者《がくしゃ》のヘアスタイルだったけど、幕末《ばくまつ》に一般化《いっぱんか》した
たばね
やくざ者《もの》などが好んだヘアスタイル。まげの先っちょをばさばさにするのが「粋《いき》」だったよ
本多《ほんだ》まげ
ひたい（月代《さかやき》）を広くそることでやさしそうに見えるため、女性《じょせい》に大人気《だいにんき》だった
島田《しまだ》まげ
前髪《まえがみ》とたぼを突《つ》き出し、まげを前後《ぜんご》に長くしてかわいく、若々《わかわか》しく
丸まげ
前髪《まえがみ》のなかにだ円形《えんけい》の型《かた》を入れて落《お》ち着《つ》いた感じに。前髪は年をとるにしたがって小さくした

江戸《えど》のシャンプーは海草《かいそう》とうどん粉《こ》

シャワーもなければシャンプーもない時代《じだい》ですが、江戸《えど》時代でも月に1～2回は洗髪《せんぱつ》をしていました。家の縁側《えんがわ》や井戸端《いどばた》、時には湯屋《ゆや》（72ページ）でも洗《あら》っていたのです。吉原《よしわら》のようなところでは、毎月《まいつき》27日は洗髪の日という決まりまであったほどだよ。シャンプーには「ふのり」という海草《かいそう》をくだいてお湯に溶《と》かし、うどん粉《こ》を入れたものを使いました。とはいえ、月1～2回のシャンプーではどうしても頭がかゆくなったようで、かんざしやくしはファッションだけでなく、頭をかくためにも使われていたようです。

※月代……おでこからまげまでの間《あいだ》の髪《かみ》をそった部分《ぶぶん》のこと

江戸《えど》っ子は初物《はつもの》がお好《す》き

江戸《えど》にさまざまな産物《さんぶつ》が集まるようなったのには道路網《どうろもう》や掘割《ほりわり》の整備《せいび》があったよ

江戸《えど》には近郊農家《きんこうのうか》や港《みなと》からさまざまな産物《さんぶつ》が持ち込《こ》まれました。日本橋《にほんばし》の魚河岸《うおがし》※や、神田《かんだ》のやっちゃば（青物市場《あおものいちば》）に荷揚《にあ》げされた魚介《ぎょかい》や野菜《やさい》は、町中《まちじゅう》に張《は》り巡《めぐ》らされた川や掘割《ほりわり》（24ページ）を利用《りよう》して、江戸のすみずみまで運ばれていったのです。

魚介は特《とく》に人気《にんき》で、江戸湾《わん》はとても豊《ゆた》かな漁場《ぎょじょう》でしたから、アサリやハマグリといった貝類《かいるい》からカレイやアナゴといった近海魚《きんかいぎょ》、沖《おき》合《あい》からはブリやマグロといった遠海魚《えんかいぎょ》までが魚河岸に運び込まれ、江戸っ子の舌《した》を楽しませました。テンプラはこのころ一般化《いっぱんか》していますし、日本食《にほんしょく》の代名詞《だいめいし》・寿司《すし》もこの時代《じだい》に、江戸のファストフードとして生まれたのが始まりです。

そんな江戸っ子たちが好んだのが、初めて取れた旬《しゅん》の味をいち早く食べる「初物《はつもの》」です。「初物を食べると75日寿命《じゅみょう》が伸《の》びる」と言われ、江戸っ子たちは好《この》んで初物を買い求《もと》めました。特に好まれたのが初《はつ》ガツオです。春先《はるさき》の4月には伊豆《いず》（静岡県《しずおかけん》）や相模《さがみ》湾《わん》（神奈川県《かながわけん》）で水揚《みずあ》げされたカツオが江戸の町に運ばれ、競《きそ》うように売れていました。「江戸には1日に千両《せんりょう》（1億円《おくえん》）動く場《ば》所《しょ》が3つある」※と言われましたが、その一つが魚河岸だったほどです。

初物が好まれるのは野菜《やさい》も同じで、早く出《しゅっ》荷《か》できればできるほど高く売れましたから、農家《のうか》も栽培法《さいばいほう》に知恵《ちえ》をしぼりました。3月にはナスやキュウリが食べられるほどだったよ。

※魚河岸……魚介類《ぎょかいるい》を取り扱《あつか》う魚市場《うおいちば》のこと　※残《のこ》りの2か所《しょ》は吉原《よしわら》などと劇場《げきじょう》が建《た》ち並《なら》ぶ芝居町《しばいまち》

長屋《ながや》では軒先《のきさき》でさばいたカツオを分《わ》け合う

1日3食になったのもこの時代《じだい》

朝昼晩《あさひるばん》と、食事は1日3食ですが、これが始まったのも江戸時代《えどじだい》だよ。日本では古くから朝晩の2食でしたが、明暦《めいれき》の大火《たいか》（38ページ）がきっかけになりました。たくさんの人たちが江戸再建《えどさいけん》のために働《はたら》きましたが、重労働《じゅうろうどう》だったので2食ではお腹《なか》がすいてたまりません。そのため、昼にも食べたのが1日3食の始まりでした。江戸では白米《はくまい》もこのころから食べられるようになりましたが、白米はそれまで食べられていた玄米《げんまい》と異《こと》なり、ビタミンB_1が足《た》りません。そのため足にむくみやしびれが起こる「脚気《かっけ》」という病気《びょうき》が大はやりし、「江戸患《わずら》い」と呼《よ》ばれました。

華《はな》のお江戸《えど》は屋台天国《やたいてんごく》

男性《だんせい》が女性《じょせい》の2倍も多いこともあり江戸《えど》の町では屋台《やたい》が人気《にんき》を集めていたよ

参勤交代《さんきんこうたい》で諸国《しょこく》からたくさんの武士《ぶし》が集まり、商《あきな》いもさかんで職人《しょくにん》も多い江戸の町は、男性《だんせい》が圧倒的《あっとうてき》に多い町でした。そのため、こうした独身《どくしん》男性をお客に、調理《ちょうり》の手間《てま》をかけないですむ外食産業《がいしょくさんぎょう》が発達《はったつ》しました。

当時《とうじ》のレストランともいうべき第《だい》1号《ごう》の店は、浅草《あさくさ》（台東区《たいとうく》）で開業《かいぎょう》した奈良茶飯《ならちゃめし》の店だったよ。明暦《めいれき》の大火《たいか》（1657年）で江戸《えど》再建《さいけん》のためにやってきた職人たちのため、お茶で炊《た》いたお茶漬《ちゃづ》けに豆腐汁《とうふじる》を添《そ》え、煮《に》しめ、煮豆《にまめ》をきれいな器《うつわ》に盛《も》りつけた定食《ていしょく》スタイルにして750円ぐらいで提供《ていきょう》していました。

長屋《ながや》の庶民《しょみん》に人気《にんき》の外食といえば、なんといってもそばでしょう。町ごとにそば屋が1軒《けん》あったといわれるほどで、つなぎの小麦粉《こむぎこ》2、そば粉《こ》8の割合《わりあい》でつくる二八《にはち》そばは、なめらかなのどこしで江戸の名物料理《めいぶつりょうり》でした。

天明年間《てんめいねんかん》（1781〜1789年）にさかんになったのが屋台《やたい》です。火事《かじ》がなによりおそろしい長屋には、本格的《ほんかくてき》な台所《だいどころ》がありません。そのため手早《てばや》く食べられるテンプラやそば、おかずにぴったりの煮物《にもの》を4文均一《もんきんいつ》で提供する四文屋《しもんや》などが人気《にんき》に。立《た》ち食《ぐ》いだけでなく、長屋《ながや》に持《も》ち帰り、おかずにもされたようだよ。

いまや和食《わしょく》の代名詞《だいめいし》になっている寿司《すし》も、江戸時代《じだい》生まれ。文政《ぶんせい》7（1824）年に、両国《りょうごく》（墨田区《すみだく》）の花屋《はなや》（華屋）与兵衛《よへえ》によって考え出されたといわれているよ。

◎タイトル：

◎書店名（ネット書店名）：

◎本書へのご意見・ご感想をお聞かせください。

ご協力ありがとうございました。

郵 便 は が き

（切手をお貼り下さい）

170-0013

（受取人）

東京都豊島区東池袋3-9-7
東池袋織本ビル4F
㈱すばる舎　行

この度は、本書をお買い上げいただきまして誠にありがとうございました。お手数ですが、今後の出版の参考のために各項目にご記入のうえ、弊社までご返送ください。

お名前	男・女	才
ご住所		
ご職業	E-mail	

今後、新刊に関する情報、新企画へのアンケート、セミナー等のご案内を郵送またはEメールでお送りさせていただいてもよろしいでしょうか？

□**はい**　□**いいえ**

ご返送いただいた方の中から抽選で毎月3名様に
3,000円分の図書カードをプレゼントさせていただきます。

当選の発表はプレゼントの発送をもって代えさせていただきます。

※ご記入いただいた個人情報はプレゼントの発送以外に利用することはありません。

※本書へのご意見・ご感想に関しては、匿名にて広告等の文面に掲載させていただくことがございます。

さかり場の屋台《やたい》が、いい匂《にお》いでお客をさそう…

棒手振《ぼてふり》は長屋《ながや》のセールスマン兼《けん》コンビニ

江戸《えど》には「棒手振《ぼてふり》」という行商人《ぎょうしょうにん》もたくさんいました。肩《かた》に天秤棒《てんびんぼう》を担《かつ》ぎ、前後《ぜんご》のおけに豆腐《とうふ》や納豆《なっとう》、魚や野菜《やさい》などを入れ、早朝《そうちょう》から長屋《ながや》をまわって売り歩くのです。棒手振の独《どく》特《とく》の呼《よ》び声を聞きつけると、長屋のおかみさんたちが一斉《いっせい》に買いに走ります。棒手振は食料《しょくりょう》だけでなく、食器《しょっき》や浅草紙《あさくさがみ》（トイレットペーパー）、秋にはすず虫など、ありとあらゆる物を商品にしていました。

いまも残《のこ》る江戸《えど》のおもかげ

現在《げんざい》の東京《とうきょう》にも江戸《えど》のおもかげがそこここに両国《りょうごく》の花火はその一つだよ

東京《とうきょう》スカイツリーが天を衝《つ》き、高層《こうそう》ビルが林立《りんりつ》する現在《げんざい》の東京にも、江戸《えど》のおもかげがさまざまなところに残《のこ》っているよ。

いまでも春になると亀戸《かめいど》（江東区《こうとうく》）の梅《うめ》がニュースでさかんに取り上げられますし、夏には神田祭《かんだまつり》（千代田区《ちよだく》）や両国《りょうごく》（墨田区《すみだく》）の花火がたくさんの人を集めます。

秋には巣鴨《すがも》（豊島区《としまく》）の菊祭《きくまつ》りがあざやかな姿《すがた》を見せ、浅草《あさくさ》（台東区《たいとうく》）の鷲神社《おおとりじんじゃ》の酉《とり》の市《いち》が冬のおとずれを告《つ》げます。江戸の町民《ちょうみん》が楽しみ、愛《あい》した行楽《こうらく》※は、令和《れいわ》のいまもなお、私《わたし》たちを楽しませ続《つづ》けています。

江戸に始まった行事《ぎょうじ》もまた健在《けんざい》だよ。

花見というと上野《うえの》（台東区《たいとうく》）が有名《ゆうめい》ですが、上野の桜は3代将軍《だいしょうぐん》・家光《いえみつ》が奈良《なら》の吉野《よしの》から桜《さくら》を移植《いしょく》したことが始まりです。

もう一つの花見の名所《めいしょ》、隅田川《すみだがわ》沿《ぞ》いや飛鳥山《あすかやま》（北区《きたく》）も、8代将軍・吉宗《よしむね》の時代《じだい》に桜が植《う》えられたのが始まり。春には武士《ぶし》から長屋《ながや》の人びとまで、こぞって花見に出かけました。ひな祭りや5月の節句《せっく》、七夕祭《たなばたまつ》りも、庶民《しょみん》の間《あいだ》に広がったのは、江戸時代《じだい》だと言われているよ。

日本橋《にほんばし》や浅草《あさくさ》といった江戸《えど》時代《じだい》に栄《さか》えた町は、東京を代表《だいひょう》する繁華街《はんかがい》であり続《つづ》け、日本のみならず、世界中《せかいじゅう》からたくさんの人を集めています。

江戸の人びとが生んだ文化《ぶんか》の残《のこ》り香《が》は、いまもまだ東京のそこここに残り、私たちの貴《き》重《ちょう》な財産《ざいさん》となっているのです。

※行楽……遊びや楽しみのこと

花見見物《けんぶつ》で、両国橋《りょうごくばし》の上は黒山《くろやま》の人だかり

「享保《きょうほう》の大《だい》ききん」の死者《ししゃ》のたましいを鎮《しず》めるために、8代将軍《だいしょうぐん》・吉宗《よしむね》さまが始めたのが「両国《りょうごく》川開《かわびら》き花火」の始まりよ！

97万人《まんにん》が飢《う》え死《じ》にした「享保《きょうほう》のききん」

享保《きょうほう》17（1732）年、西日本《にしにほん》46藩《はん》を中心《ちゅうしん》に起《お》こったのが「享保のききん」。いつもなら46藩で236万石《まんごく》（34万トン）は取れる米が、この年はわずか63万石《ごく》（9万トン）しか取れませんでした。諸《しょ》藩《はん》からの報告《ほうこく》では計《けい》1万2000人が、『徳川実記《とくがわじっき》』という歴史書《れきししょ》では97万人もの人びとが飢《う》え死《じ》にしたとされ、江戸《えど》ではお腹《なか》を空《す》かせた人たちが米商人《こめしょうにん》をおそう「打《う》ちこわし」が何件《なんけん》も起きました。「享保のききん」は、「天明《てんめい》のききん（1782〜88年）」、「天保《てんぽう》のききん（1833〜39年）」とならび、「江戸の三大《さんだい》ききん」と呼《よ》ばれているよ。

知っとコーナー その三

「いやだいやだと薬《くすり》食《ぐ》い」

「薬《くすり》食《ぐ》い」とは、イノシシやシカ、ウマなどのお肉を食べることだよ。仏教《ぶっきょう》の教えでは、こうした四《よ》つ足の動物《どうぶつ》の肉を食べるのは避《さ》けるべき行《こう》為《い》とされ、身体《からだ》が弱って薬が必要《ひつよう》となるような時にのみ、許《ゆる》されることでした。普段《ふだん》、堂々《どうどう》と食べるものではなかったのです。ですが、栄養満点《えいようまんてん》のお肉はやはりおいしかったようで、イノシシを山クジラ、シカ肉をモミジ、ウマ肉をサクラと言いかえて食べられていました。

そうした複雑《ふくざつ》な気持《きも》ちを表《あらわ》したのが、上の句《く》です。江戸時代《えどじだい》の人たちも、本当《ほんとう》はボリュームがあっておいしいお肉が食べたかったのでしょう！

シカ肉を「モミジ」
というのは
花札《はなふだ》からよ！

第4章

庶民《しょみん》が生んだ 江戸《えど》の文化《ぶんか》・化政《かせい》文化

化政文化 落語《らくご》がバカウケ

演芸《えんげい》

江戸《えど》が最高《さいこう》の輝《かがや》きを
放《はな》つのが化政期《かせいき》
その先輩《せんぱい》が「元禄文化《げんろくぶんか》」だよ
2つのちがいって、
どこにあるの？

江戸文化誕生《たんじょう》の
お母さんにして先輩《せんぱい》が
元禄文化って
こったな！

起こった場所

元禄文化
上方《かみがた》（京都《きょうと》や大坂《おおさか》）

化政文化
江戸《えど》

まずは
西（上方）、
次第《しだい》に
東（江戸）へ

起こった時期

元禄文化《げんろくぶんか》
元禄年間《ねんかん》（1688～1704年）

化政文化《かせいぶんか》
文化《ぶんか》・文政《ぶんせい》年間
（1804～1830年）

およそ
100年の
ちがいあり！

主役となった人びと

元禄文化 大商人《だいしょうにん》や下級武士《かきゅうぶし》　化政文化 江戸の庶民《しょみん》

化政文化 こっけい話

演劇《えんげき》

元禄文化

上方歌舞伎《かぶき》『心中天網島《しんじゅうてんのあみじま》』

化政文化

江戸歌舞伎『白波五人男《しらなみごにんおとこ》』

元禄文化 人形浄瑠璃《にんぎょうじょうるり》が誕生《たんじょう》

元禄文化《げんろくぶんか》（1688～1704年） VS 化政《かせい》（文化《ぶんか》・文政《ぶんせい》）文化《ぶんか》（1804～1830年）

絵画

元禄文化 だいたんな構図《こうず》で重厚《じゅうこう》※かつ華《はな》やか

化政文化 しゃれていて都会的《とかいてき》

出版

元禄文化 町人の生活《せいかつ》や商売《しょうばい》

※重厚……落ち着いていて堂々《どうどう》としているさま

江戸《えど》の文化《ぶんか》の大先輩《だいせんぱい》

上方文化拝見《かみがたぶんかはいけん》 その一 人形浄瑠璃《にんぎょうじょうるり》

人形《にんぎょう》とは思えない迫力《はくりょく》のある表情《ひょうじょう》や動き人情味《にんじょうみ》ある物語《ものがたり》も魅力《みりょく》だよ

琵琶《びわ》や三味線《しゃみせん》の演奏《えんそう》に、太夫《たゆう》という語り手《かたりて》が物語《ものがたり》を語る浄瑠璃《じょうるり》と、あやつり人形による演芸《えんげい》がドッキング、元禄時代《げんろくじだい》に大坂《おおさか》で生まれたのが人形浄瑠璃。現在《げんざい》では文楽《ぶんらく》とも言われるこの演芸は、物語《ものがたり》を語る太夫と三味線、人形づかいの3者《しゃ》によって演《えん》じられるよ。

人形づかいには、人形の胴《どう》を支《ささ》えて首と身体《からだ》を動かす「主《おも》づかい」と、左手を動かす「左づかい」、足を動かす「足づかい」の3名がいて、息を合わせて人形をあやつります。人形の首や目やまゆは糸でつながっていて、場面《ばめん》に合わせて主づかいが動かすから、人形はまるで生きているかのよう。

ブレイクのきっかけは、竹本義太夫《たけもとぎだゆう》（1651～1714年）が大坂の道頓堀《どうとんぼり》にある竹《たけ》本座《もとざ》で、近松門左衛門《ちかまつもんざえもん》が書いた『曾根崎心中《そねざきしんじゅう》』という物語を上演《じょうえん》したことです。

この物語は、大坂の曽根崎で本当《ほんとう》に起こった心中※事件《じけん》をもとにした劇《げき》だよ。しょうゆ屋で働《はたら》く徳兵衛《とくべえ》と遊女《ゆうじょ》（128ページ）のお初《はつ》は恋人《こいびと》どうし。ところが徳兵衛は主人《しゅじん》に返さなければならないお金を友人《ゆうじん》の九平次《くへいじ》にだましとられてしまいます。この世では結《むす》ばれないと知った二人《ふたり》は曽根崎で心中。そんな悲しい恋《こい》物語に、大坂の人びとは涙《なみだ》、また涙。大人気《だいにんき》となりました。竹本座はたくさんの借金《しゃっきん》を抱《かか》えていましたが、この大ヒットでお金を返すことができたほどです。

竹本と近松はこれ以降《いこう》もヒット作を連発《れんぱつ》。今に続《つづ》く人形浄瑠璃人気の基礎《きそ》を築《きず》きました。

※心中……真剣《しんけん》に愛《あい》し合っている男女がこの世では結ばれないと知り、一緒《いっしょ》に死《し》ぬこと

感動《かんどう》も、人形《にんぎょう》づかい三人の息がぴったりとあってこそ！

徳兵衛とお初の純愛《じゅんあい》
に、心中《しんじゅう》が大流行《だいりゅうこう》
したほどだったぜ

心中物《しんじゅうもの》の大ヒットのかげで……

『曽根崎心中《そねざきしんじゅう》』でブレイク。『心中天網島《しんじゅうてんのあみじま》』で再《ふたた》び心中を取り上げた近松門左衛門《ちかまつもんざえもん》。近松以降《いこう》、心中ブームが起きますが、これを重く見た幕府《ばくふ》は心中物《もの》の出版《しゅっぱん》や上演《じょうえん》を禁止《きんし》。心中を図ってどちらか一方《いっぽう》が生き残《のこ》るとその者は死罪《しざい》。男女とも生き残るとさらし者にしたうえ非《ひ》人《にん》※に落とされ、双方死《そうほうし》んだ場合《ばあい》には、遺体《いたい》も遺族《いぞく》に渡さないという厳罰《げんばつ》でのぞみました。

近《ちか》松《まつ》門《もん》左《ざ》衛《え》門《もん》（1653～1724年）

※非人……人間《にんげん》とは見なされず、差別《さべつ》の対象《たいしょう》とされた人びと

江戸《えど》の文化《ぶんか》の大先輩《だいせんぱい》

上方文化拝見《かみがたぶんかはいけん》 その二

浮世絵《うきよえ》

**化政文化《かせいぶんか》が誇《ほこ》る芸術《げいじゅつ》が浮世絵《うきよえ》
世界《せかい》が認《みと》めたこの芸術も
実は元禄時代《げんろくじだい》に始まったよ**

元禄《げんろく》のころ、人びとの間《あいだ》に「私《わたし》たちがいま生きているこの世とは浮世《うきよ》である」という考え方が広まりました。この中にある「浮世」という言葉《ことば》、もともとは「憂世《うきよ》」で、「憂《うれ》」とは思い悩《なや》んだり悲しんだりすることを表《あらわ》す漢字《かんじ》です。つまり「憂世」とは、「この世は悩みや苦しいことばっかり」という意味《いみ》で、「だったらそんなこの世を少しでも浮《う》き浮きとして過ごしましょう」と生まれたのが、「浮世」という考え方だったのです。

そんな浮世の時代《じだい》に生まれた出版物《しゅっぱんぶつ》が「浮世草子《ぞうし》」。大坂《おおさか》の井原西鶴《いはらさいかく》（94ページ）らが書き始めた本で、当時《とうじ》の大坂庶民《しょみん》の恋愛《れんあい》や商人《あきんど》たちの姿《すがた》を、いきいきとした筆《ふで》づかいで描《えが》き上げて大ヒットしました。

こうした浮世草子には文字《もじ》とさし絵が入っていましたが、これに物足《ものた》りなくなったのが江戸《えど》の菱川師宣《ひしかわもろのぶ》でした。人びとの生きる姿を独立《どくりつ》させ、大きな1枚《まい》の絵にして売り出したのです。

当初《とうしょ》は黒一色《いっしょく》で「すみずり絵」と呼ばれていたこの絵を、のちに鳥居清広《とりいきよひろ》が紅《べに》やみどりなど2～3色で色をつけた「紅《べに》ずり絵」に進《しん》化《か》させます。このわずか数色《すうしょく》の紅ずり絵を、江戸《えど》の鈴木春信《すずきはるのぶ》が版木《はんぎ》※を何枚《なんまい》も使って版画《はんが》にすることでカラーにし、そのあざやかさから「錦絵《にしきえ》」と呼ばれるようになりました。これこそが、「浮世絵《うきよえ》」だよ！

日本が世界《せかい》に誇《ほこ》る芸術《げいじゅつ》は、元禄時代に上方《かみがた》で生まれたのです。

※版木……文字や絵などをほり刻《きざ》んだ木の板のこと

黒一色のさし絵が、世界《せかい》が認《みと》める芸術《げいじゅつ》に！

1・浮世絵《うきよえ》の始まり

井原西鶴作《いはらさいかくさく》『好色一代男《こうしょくいちだいおとこ》』に菱川師宣《ひしかわもろのぶ》（1618？～1694年）が文字と同じすみ一色のさし絵をつける

2・少しずつ、色がつき始める

すみずり絵に鳥居清倍《とりいきよます》（？～？）が筆《ふで》で紅《べに》色《いろ》をつけた「丹絵《たんえ》」を始める

3・よりカラフルに！

鳥居清広《とりいきよひろ》（？～1776年？）らが紅やみどり、黄色《きいろ》をつけた版木《はんぎ》を使ってよりカラフルに

4・錦絵《にしきえ》（浮世絵《うきよえ》）完成《かんせい》！

鈴木春信《すずきはるのぶ》（1724～1770年）が版木《はんぎ》を何枚《なんまい》も使うことでフルカラー化《か》

江戸《えど》の文化《ぶんか》の大先輩《だいせんぱい》

上方文化《かみがたぶんか》拝見《はいけん》 その三

文学《ぶんがく》

**元禄時代《げんろくじだい》は文学《ぶんがく》が花開《はなひら》いた時代《じだい》
物語《ものがたり》では井原西鶴《いはらさいかく》が
俳諧《はいかい》では松尾芭蕉《まつおばしょう》が活躍《かつやく》したよ**

大坂《おおさか》の裕福《ゆうふく》な商人《しょうにん》の子として生まれたのが井原西鶴《いはらさいかく》（1642～1693年）。三十代《さんじゅうだい》の初《はじ》めごろ「矢数俳諧《やかずはいかい》」というショーを開《ひら》き、一気《いっき》に人気者《にんきもの》になりました。これは24時間ぶっつづけで、ユーモアたっぷりの俳句《はいく》を大《だい》観衆《かんしゅう》の前で詠《よ》むというもの。いまで言う「お笑《わら》いライブ」のようなもので、笑いにうるさい浪速《なにわ》っ子に大評判《だいひょうばん》となったのです。

そんな西鶴が40歳で発表《はっぴょう》したのが『好色《こうしょく》一代男《いちだいおとこ》』。西鶴自身《じしん》をモデルにしたような裕福な商人の子・世之介《よのすけ》が主人公《しゅじんこう》のドタバタ喜《き》劇《げき》です。46歳の時には日本初《にほんはつ》の経済小説《けいざいしょうせつ》『日本永代蔵《にっぽんえいたいぐら》』を発表。上方商人《かみがたしょうにん》の生活《せいかつ》をイキイキと描《えが》きました。これらの作品は、「浮《う》世草子《きよぞうし》」と呼《よ》ばれたよ。

「夏草《なつくさ》や 兵《つわもの》どもが 夢《ゆめ》の跡《あと》」の句《く》で有名《ゆうめい》な松《まつ》尾芭蕉《おばしょう》（1644～1694年）も、江戸《えど》で暮《く》らしてはいても実《じつ》は元禄時代《げんろくじだい》の人物《じんぶつ》。

芭蕉が始めた俳句《はいく》のもとになったのが、「連歌《れんが》」だよ。これは、たくさんの人が集まり、5・7・5の計17文字の上句《かみく》（発句《ほっく》）に対し、7・7の計14文字の下句《しもく》を交互《こうご》につけて、その出来《でき》を競《きそ》うというもの。この連歌から「俳諧《かい》」が生まれましたが、遊びのようなものとされてきました。おどけた、こっけいなものだったからです。

芭蕉はこの俳諧を、自然《しぜん》や人びとの感情《かんじょう》をわずか17文字にまとめた「蕉風《しょうふう》（正風《しょうふう》）俳《はい》諧《かい》」として確立《かくりつ》したよ。わずか17文字の表現《ひょうげん》を、芸術《げいじゅつ》にまで高めたのです。

江戸時代《えどじだい》、本は貸本屋《かしほんや》から借《か》りて読む

江戸《えど》の出版物《しゅっぱんぶつ》アレコレ

草双紙《くさぞうし》（絵が中心《ちゅうしん》の本）	赤本《あかほん》…「さるかに合戦《がっせん》」や「桃太郎《ももたろう》」などのおとぎ話など
	黒本《くろほん》…人気《にんき》の浄瑠璃《じょうるり》や歌舞伎《かぶき》、英雄《えいゆう》が登場《とうじょう》する歴史書《れきししょ》など
	青本《あおほん》…黒本と同じくおとな向けの本で、黄表紙へと発展《はってん》する
	黄表紙《きびょうし》…政治《せいじ》や社会《しゃかい》を批判《ひはん》する本。
	合巻《ごうかん》…黄表紙数冊《すうさつ》をまとめたもの。寛政の改革以降《いこう》は「あだ討《う》ち」などが中心に

文字中心《もじちゅうしん》の本	しゃれ本…吉原《よしわら》（128ページ）などを舞台《ぶたい》に男女のやり取りや「粋《いき》」を書く
	こっけい本…江戸《えど》の人びとの暮《く》らしや毎日《まいにち》をおもしろおかしく書く。黄表紙本が禁止《きんし》されてから人気に
	人情本《にんじょうぼん》…町人の恋愛《れんあい》などを描《えが》いた主《おも》に女性向《じょせいむ》けの本
	読本《よみほん》…中国《ちゅうごく》の歴史小説《れきししょうせつ》に影響《えいきょう》を受《う》けて誕生《たんじょう》。教養《きょうよう》のある層《そう》に受《う》けた

江戸《えど》の文化《ぶんか》の大先輩《だいせんぱい》

上方文化拝見《かみがたぶんかはいけん》 その四

絵画《かいが》

京都《きょうと》で生《う》まれた琳派《りんぱ》が100年の時を経《へ》て江戸《えど》琳派と呼ばれる芸術《げいじゅつ》に

江戸時代《えどじだい》を通《とお》して、「御用絵師《ごようえし》」として絵の世界《せかい》のリーダーだったのが、「狩野派《かのうは》」と呼《よ》ばれる画家集団《がかしゅうだん》だよ。

狩野派の活躍《かつやく》は、室町《むろまち》時代（1336～1573年）に、初代《しょだい》・狩野正信《かのうまさのぶ》が室町幕府《ばくふ》8代将軍《だいしょうぐん》・足利義政《あしかがよしまさ》の御用絵師《ごようえし》になったことから始まります。御用絵師とは、幕府や大《だい》名《みょう》に仕《つか》え、お城《しろ》のふすまなどに飾《かざ》る絵を描《か》く画家のこと。ご主人《しゅじん》のえらさや強さ、たのもしさを示《しめ》すため、松《まつ》や獅子《しし》などを力強《ちからづよ》く描《えが》くのが特徴《とくちょう》です。正信の子孫《しそん》は、江戸時代には将軍にも直接《ちょくせつ》お目にかかることができる「奥《おく》絵師《えし》」にまでなりました。

寛永期《かんえいき》（14ページ）、上方《かみがた》で活躍《かつやく》した俵屋宗《たわらやそう》達《たつ》と本阿弥光悦《ほんあみこうえつ》に影響《えいきょう》を受《う》けて始まったのが「琳派《りんぱ》」※です。慶長《けいちょう》8（1603）年に徳川《とくがわ》家康《いえやす》が江戸《えど》に幕府を開《ひら》いて以来《いらい》、政治《せいじ》や文化《ぶんか》の中心は江戸へと移《うつ》っていきました。これに危機感《ききかん》を抱《いだ》いた京都《きょうと》の公家《くげ》（貴族《きぞく》）や、豊《ゆた》かな町人の支持《しじ》のもと始まりました。

狩野派が強い上下関係《じょうげかんけい》にある子孫《しそん》や弟子《でし》たちによる集団《しゅうだん》だったのに対し、琳派は同じセンスを共有《きょうゆう》した画家たちの集団です。ですから、先輩《せんぱい》画家からの影響《えいきょう》は受けたものの、上下関係はありません。

京都で生まれた琳派は、江戸の酒井抱一《さかいほういつ》（1761～1828年）や鈴木其一《すずききいつ》（1796～1858年）の美意識《びいしき》を刺激《しげき》して、上《じょう》品《ひん》で都会的《とかいてき》な画風《がふう》を完成《かんせい》。化政年間《かせいねんかん》に最盛期《さいせいき》を迎《むか》えました。

※琳派……宗達と光悦の作品のスタイルを受《う》け継いだ尾形光琳《おがたこうりん》（104ページ）の名から「琳」の一字《いちじ》をとってついた呼《よ》び方《かた》。江戸時代《えどじだい》には「宗達光琳派《そうたつこうりんは》」と呼ばれたが、1970年代になってこの呼び方が定着《ていちゃく》した

上方芸術《かみがたげいじゅつ》は力強《ちからづよ》さと大胆《だいたん》さが特徴《とくちょう》

※原作は京都国立博物館所蔵

上は金色《きんいろ》がなんとも華《はな》やかな宗達《そうたつ》先生の《風神雷神《ふうじんらいじん》図屏風《ずびょうぶ》》。右が光悦《こうえつ》先生の《舟橋蒔絵硯箱《ふなばしまきえすずりばこ》》。どっちも琳派《りんぱ》が誇《ほこ》る代表作《だいひょうさく》よ！

※原作は東京国立博物館所蔵

俵屋宗達《たわらやそうたつ》が始めた「たらしこみ」技法《ぎほう》

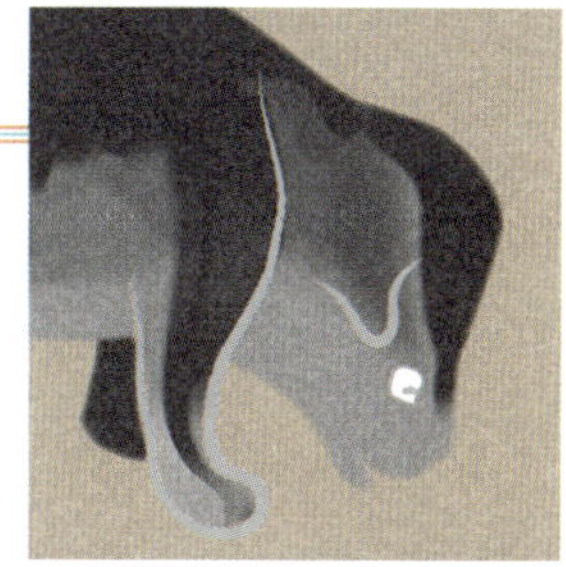

※俵屋宗達／原作は個人蔵

すみが乾《かわ》かないうちにそれより薄《うす》いすみを加《くわ》え、混《ま》じり合うことでふわふわした形やかげ、立体感《りったいかん》を与える描《か》き方を「たらしこみ」というよ。右の絵《犬図《いぬず》》の子犬のふわふわした感じも、たらしこみ技法《ぎほう》あればこそ。この技法、上の《風神雷神図屏風《ふうじんらいじんずびょうぶ》》の雷神の足もとの雲にも使われています。

江戸《えど》の文化《ぶんか》の大先輩《だいせんぱい》

上方文化拝見《かみがたぶんかはいけん》 その五

歌舞伎《かぶき》

江戸時代《えどじだい》から現在《げんざい》まで愛《あい》され続《つづ》けているのが歌舞伎《かぶき》 でも好《この》みには東西でちがいがあるよ

徳川家康《とくがわいえやす》が江戸《えど》に幕府《ばくふ》を開いた慶長《けいちょう》8（1603）年、京都《きょうと》で出雲阿国《いずものおくに》という女性《じょせい》が男性《だんせい》の格好《かっこう》で踊《おど》りを披露《ひろう》し、大評判《だいひょうばん》となりました。これがいまに続《つづ》く歌舞伎《かぶき》の始まりだよ。

当初《とうしょ》は阿国のように女性が演《えん》じたり、男の子が演じたりしていましたが、色っぽすぎると上演禁止《じょうえんきんし》に。男性が女装《じょそう》して女性の役《やく》も演じる「野郎歌舞伎《やろうかぶき》」のみが許可《きょか》されました。

元禄《げんろく》の時代《じだい》になると、上方《かみがた》で初代《しょだい》・坂田藤《さかたとう》十郎《じゅうろう》（1647~1709年）が、『夕霧名《ゆうぎりな》残《ごり》の正月』で亡《な》くなった遊女《ゆうじょ》・夕霧との夢《ゆめ》の中での再会《さいかい》を喜《よろこ》ぶ藤屋伊左衛門《ふじやいざえもん》を熱演《ねつえん》します。いわば、報《むく》われない悲《かな》しい恋《こい》を描《えが》いた恋愛物《れんあいもの》ですが、これが女性に大受《おおう》け。以来《いらい》、上方では女性との恋愛《れんあい》のありさまを繊細《せんさい》に演じる「和事《わごと》」が好《この》まれるようになりました。こうした歌舞伎は「上方歌舞伎」と呼《よ》ばれるようになります。

一方《いっぽう》、江戸では初代・市川団十郎《いちかわだんじゅうろう》（1660~1704年）が荒々《あらあら》しく勇《いさ》ましい男性像《ぞう》を「荒事《あらごと》」として演じて評判に。上方歌舞伎とは対照的《たいしょうてき》な芸《げい》で、「江戸歌舞伎」と呼ばれました。

のちにイケメンぞろいの役者《やくしゃ》たちが、「まわり舞台《ぶたい》」や「セリ」など大がかりな舞台装《そう》置《ち》で踊《おど》り、演じる歌舞伎は、東西を問わず大人気に。庶民《しょみん》の格好《かっこう》の娯楽《ごらく》になりました。人気歌舞伎役者ともなると、浮世絵《うきよえ》にも登場《とうじょう》するほど。現在の推《お》しアイドルのブロマイドのようなものでした。

恋《こい》する伊左衛門《いざえもん》の姿《すがた》に、浪速女子《なにわじょし》、しびれる……！

遊女《ゆうじょ》・夕霧《ゆうぎり》は『好色一代男《こうしょくいちだいおとこ》』(94ページ)にも登場《とうじょう》する美女《びじょ》で実在《じつざい》の人物《じんぶつ》。27歳《さい》で亡《な》くなった時には、「大坂中《おおさかじゅう》が悲しんだ」ほどだったぜ
おいらも泣いちまう〜

歌舞伎《かぶき》のしかけ「まわり舞台《ぶたい》」と「セリ」

まわり舞台

舞台《ぶたい》の真《ま》ん中《なか》を丸く切り抜《ぬ》き、大道具《おおどうぐ》や役者《やくしゃ》ごと回転《かいてん》させる

セリ

舞台の一部《いちぶ》を切り抜き、そこから役者や道具を登場《とうじょう》させる

花開《はなひら》く江戸文化《えどぶんか》 その一

落語《らくご》

化政時代《かせいじだい》に興隆《こうりゅう》を極《きわ》めた※

元禄《げんろく》のころ始まったのが落語《らくご》
上方《かみがた》では道で演じる辻噺《つじばなし》で
江戸《えど》では座敷噺《ざしきばなし》で広がったよ

落語《らくご》とは話で人を笑《わら》わせる芸《げい》のことだよ。最後《さいご》に「なるほど」と思わせる「オチ」※で結《むす》ばれるのが特徴《とくちょう》です。元禄時代《げんろくじだい》に、江戸《えど》では鹿野武左衛門《しかのぶざえもん》（1649～1699年）が、京都《きょうと》では露《つゆ》の五郎兵衛《ごろべえ》（1643～1703年）が、さらには大坂《おおさか》でも米沢彦八《よねざわひこはち》（?～1714年?）がお客を集めておもしろい噺《はなし》を披露《ひろう》し始めました。これが落語の始まりと言われているよ。

上方《かみがた》の五郎兵衛と彦八は人通りの多い場所《ばしょ》や寺の境内《けいだい》で「辻噺《つじばなし》」として落語を披露したのに対し、武左衛門は「座敷噺《ざしきばなし》」として招《まね》かれた家で披露しました。

文化《ぶんか》・文政《ぶんせい》の化政期《かせいき》（1804～1830年）には、江戸で落語人気《にんき》に火がつきます。

初代《しょだい》・三遊亭圓生《さんゆうていえんしょう》（1768～1838年）が三味線《しゃみせん》や笛《ふえ》などを取り入れた芝居噺《しばいばなし》を始めれば、初代・林屋正蔵《はやしやしょうぞう》（1781～1842年）が怪談噺《かいだんばなし》で江戸庶民《しょみん》を震《ふる》え上がらせます。お客に適当《てきとう》なお題《だい》を3つもらい、それを一つの噺にする「三題噺《さんだいばなし》」はこの時代《じだい》、三《さん》笑亭可楽《しょうていからく》（1777～1833年）によって始められたよ。

文政期の終わりには、江戸には125軒《けん》もの寄席《よせ》※がありましたが、水野忠邦《みずのただくに》の「天保《てんぽう》の改革《かいかく》」（20ページ）で取《と》り締《し》まりを受け、わずか15軒に。ですが水野が力を失うと落語はたちまち人気を取り戻《もど》し、安政期《あんせいき》（1854～1860年）には、170軒にまで復活《ふっかつ》しています。

※興隆を極める……これ以上《いじょう》ないほど勢《いきお》いがあり、栄《さか》えている様子《ようす》のこと　※「オチ」……「サゲ」ともいう
※寄席……落語や漫才《まんざい》が行われる演芸場《えんげいじょう》のこと

鹿野武左衛門《しかのぶざえもん》のお笑《わら》い噺《ばなし》にみんな爆笑《ばくしょう》！

武左衛門《ぶざえもん》のダンナはその後、
無実《むじつ》の罪《つみ》で大島《おおしま》に島流《しまなが》しに。
笑《わら》いでなくて涙《なみだ》のほうが
出てきちまうわ……

江戸落語《えどらくご》になくて、上方《かみがた》落語にあるものな〜んだ!?

落語家《らくごか》といえば扇子《せんす》と手ぬぐいがトレードマーク。上方《かみがた》ではこれに、しばしば「見台《けんだい》」が加《くわ》わります。見台とは、落語家の前に置《お》かれた小さなテーブルのこと。大きな通りや境内《けいだい》などで始まったことから、上方落語では手ぬぐいや扇子を置く台が必《ひつ》要《よう》だった名残《なごり》です。上方の落語家は、「小拍子《こびょうし》」という見台をたたいて場面《ばめん》の展開《てんかい》を表現《ひょうげん》する拍子木《ひょうしき》を持つこともあるよ。

花開《はなひら》く江戸文化《えどぶんか》
その二

文学《ぶんがく》

こっけい本が大受《おおう》け！

井原西鶴《いはらさいかく》が始めた浮世草子《うきよぞうし》は
寛政《かんせい》の改革《かいかく》の影響《えいきょう》で
こっけい本《ぼん》に進化《しんか》したよ

元禄《げんろく》のころ、上方《かみがた》の井原西鶴《いはらさいかく》（94ページ）らが始め、大人気《だいにんき》となった「浮世草子《うきよぞうし》」以降《いこう》、出版物《しゅっぱんぶつ》はしゃれ本《ぼん》や読本《よみほん》（95ページ）など、種類《しゅるい》も内容《ないよう》もさまざまになっていきます。そんな本への高まる人気にストップをかけたのが、「寛政《かんせい》の改革《かいかく》」（18ページ）でした。幕府《ばくふ》への不満《ふまん》や不《ふ》まじめな内容が書かれた本は、出版できなくなってしまったのです。

そんなきゅうくつな社会《しゃかい》に、風穴《かざあな》を開けるように登場《とうじょう》したのがこっけい本《ぼん》だよ。

こっけい本とは、江戸庶民《えどしょみん》の生活《せいかつ》をおもしろおかしく描《えが》いた本のことです。弥次《やじ》さんと喜多《きた》さんがお伊勢参《いせまい》りに行く道中《どうちゅう》のドタバタを書いた十返舎一九《じっぺんしゃいっく》（1765〜1831年）の『東海道中膝栗毛《とうかいどうちゅうひざくりげ》』や、湯屋《ゆや》（72ページ）や髪結床《かみゆいどこ》（床屋《とこや》）を舞台《ぶたい》に、落語《らくご》を思わせる会話《かいわ》がおもしろい式亭三馬《しきていさんば》（1776〜1822年）の『浮世風呂《うきよぶろ》』、『浮世床《うきよどこ》』などが人気に。町人どうしの恋愛《れんあい》を描いた「人《にん》情本《じょうぼん》」なども女性《じょせい》の人気を集めました。こうした本なら政治《せいじ》への批判《ひはん》もありませんから、幕府も安心《あんしん》してお目こぼしできたのです。

そんな出版文化《ぶんか》を支《ささ》えたのが、木版印刷《もくはんいんさつ》の発展《はってん》でした。日本語《にほんご》は文字《もじ》の数が多く、アルファベットの西洋《せいよう》とちがい、活字《かつじ》を組み合わせて印刷《いんさつ》するのは大変《たいへん》です。そのため版木《はんぎ》に原稿《げんこう》をほり、そこにすみを乗せてハンコをおすように印刷する木版印刷が発達《はったつ》したのです。完成《かんせい》した本は、店頭《てんとう》での販売《はんばい》のほか、貸本屋《かしほんや》でも貸《か》し出《だ》されました。

版木《はんぎ》に色をのせ、こすって印刷《いんさつ》。書物問屋《しょもつどんや》は新作作《しんさくづく》りで大忙《おおいそが》し

地本問屋《じほんどんや》と書物《しょもつ》問屋

江戸時代《えどじだい》、本屋には大きく分けて2つの種類《しゅるい》がありました。一般向《いっぱんむ》けの本や浮世絵《うきよえ》などを扱《あつか》う地本問屋《じほんどんや》と、仏教《ぶっきょう》の本や歴史書《れきししょ》などを扱う書物《しょもつ》問屋の2つです。庶民《しょみん》に人気《にんき》だったのはもちろん地本問屋のほう。ちなみに木版印刷《もくはんいんさつ》で手に入りやすくなったとはいえ、本は決して安いものではありませんでした。1709年の『増益書籍目録《ぞうえきしょじゃくもくろく》』というカタログには、あのイソップ物語《ものがたり》を翻訳《ほんやく》した『いそほ物語』という3冊の組本《くみほん》が銀《ぎん》2匁《もんめ》5分《ぶ》（4500円）とありますが、これはむしろ安いほうでした。そのため、本を担《かつ》いで得意先《とくいさき》をまわる貸本屋《かしほんや》が大人気《だいにんき》だったのです。

花開《はなひら》く江戸《えど》文化《ぶんか》
その三

絵画《かいが》

江戸で完成《かんせい》された美《び》「琳派《りんぱ》」

上方《かみがた》で生まれた琳派《りんぱ》は100年の時を経《へ》て江戸《えど》へ この地で洗練《せんれん》を極《きわ》めます※

寛永期《かんえいき》に、今では国宝《こくほう》の《風神雷神図《ふうじんらいじんず》屏《びょう》風《ぶ》》を描《えが》いた俵屋宗達《たわらやそうたつ》（？～？）や、《舟橋《ふなばし》蒔絵硯箱《まきえすずりばこ》》を作った本阿弥光悦《ほんあみこうえつ》（1558～1637年）の芸術《げいじゅつ》は素晴《すば》らしいものでした（97ページ）。二人の芸術は、元禄期《げんろくき》に京都《きょうと》の尾形光琳《おがたこうりん》（1658～1716年）と尾形乾山《かんざん》（1663～1743年）兄弟を刺《し》激《げき》。光琳は宗達の作品《さくひん》をほぼ丸ごと写した光琳版《ばん》《風神雷神図屏風》を描いたほどです。

尾形兄弟は、絵画《かいが》や陶芸《とうげい》に宗達や光悦の影《えい》響《きょう》を受《う》けた作品を次々《つぎつぎ》と生み出します。彼らの作品はのちに、「狩野派《かのうは》」（96ページ）に対して「琳派《りんぱ》」と呼《よ》ばれるようになりました。この派《は》の代表格《だいひょうかく》である尾形光「琳」から取った名です。

そのおよそ100年後のことだよ。

江戸でこうした先輩美術家《せんぱいびじゅつか》たちから刺激《しげき》を受《う》け、さらに新しい芸術を生み出そうとしている美術家がいました。酒井抱一《さかいほういつ》（1761～1828年）と、その弟子の鈴木其《すずきき》一《いつ》（1796～1858年）です。

二人は尊敬《そんけい》する琳派の先輩たちの作品をお手本《てほん》としつつも自分《じぶん》のものとし、大胆《だいたん》な画面《がめん》構成《こうせい》とハッとするような色合《いろあ》い、金や銀を使った華《はな》やかでいて上品《じょうひん》な新しい芸術「江戸琳派」を作り上げ、大名家《だいみょうけ》や豪商《ごうしょう》たちから厚《あつ》い支持《しじ》を得《え》たのです。

特別《とくべつ》な上下関係《じょうげかんけい》や先生と生徒という関係ではなく、尊敬《そんけい》と美意識《びいしき》で繋《つな》がった「琳派」は、江戸で完成《かんせい》されたのです。

※洗練を極める……さらにすぐれたものにしようとしてその頂点《ちょうてん》にまで達《たっ》すること

光琳版《こうりんばん》《風神雷神図屏風《ふうじんらいじんずびょうぶ》》の裏《うら》に、抱一《ほういつ》が描《えが》いたのが《夏秋草図屏風《なつあきくさずびょうぶ》》

びょうぶの表の風神《ふうじん》と雷神《らいじん》を
強い風にあおられる秋草《あきくさ》と
かみなりによる雨で水が増《ふ》えた川で
表《あらわ》すとは、抱一先生のセンスに
う〜、しびれるねえ！

※原作は東京国立博物館所蔵

花開《はなひら》く江戸《えど》文化《ぶんか》 その四

演劇《えんげき》 いさましい「荒事歌舞伎《あらごとかぶき》」を確立《かくりつ》

あの歌舞伎《かぶき》も武士《ぶし》の町・江戸《えど》で独自《どくじ》のスタイルになっていくよ

東西を問《と》わず庶民《しょみん》に愛《あい》された歌舞伎《かぶき》ですが、上方《かみがた》と江戸《えど》では、好《この》まれる演目《えんもく》にちがいがありました。武士《ぶし》の町であり、諸国《しょこく》からさまざまな人が集まる江戸では、恋愛中《れんあいちゅう》の心の動きをこまやかに演《えん》じる「和事《わごと》」（98ページ）よりも、わかりやすいストーリーをいさましく演《えん》じる「荒事《あらごと》」が好まれたのです。

江戸荒事の代表的《だいひょうてき》な演目が、初代《しょだい》・市川《いちかわ》団十郎《だんじゅうろう》（1660〜1704年）の『暫《しばらく》』。

罪《つみ》のない人びとを打ち首にしようとする悪《あく》党《とう》・清原武衡《きよはらのたけひら》の前に、鎌倉権五郎景政《かまくらごんごろうかげまさ》が、「暫く〜！」のかけ声とともにさっそうと現《あらわ》れて助け出すというストーリーです。日ごろ、武士に頭を押《お》さえられている江戸庶民は、単《たん》純明快《じゅんめいかい》でスカッとする江戸荒事に喝采《かっさい》を送った※のです。

歌舞伎は専用《せんよう》の芝居小屋《しばいごや》で行われました。延宝年間《えんぽうねんかん》（1673〜1681年）には江戸に中村座《なかむらざ》と市村座《いちむらざ》（日本橋人形町《にほんばしにんぎょうちょう》）・森田《もりた》座《ざ》（中央区銀座《ちゅうおうくぎんざ》）・山村座《やまむらざ》（中央区銀座）の「江戸四座《えどよざ》」が設けられ、のちに山村座が取りつぶされて「江戸三座《さんざ》」となります。「江戸には1日に千両《せんりょう》（1億円《おくえん》）動く場所《ばしょ》が3つある」と言われましたが、その一つがこうした芝居町《まち》であったほど、人気となりました。

歌舞伎は一大娯楽産業《いちだいごらくさんぎょう》でもあったのです。

人気の歌舞伎役者《やくしゃ》ともなると現在《げんざい》のアイドル並《な》みの大スターで、1年で千両をこえる収《しゅう》入《にゅう》があるという意味《いみ》の、「千両役者《せんりょうやくしゃ》」という呼《よ》び方《かた》があったほどだよ。

※喝采を送る……感心してたたえること

「成田屋《なりたや》！」「待ってました！」の声とともに『暫《しばらく》』開演《かいえん》！

さじき席《せき》
芝居小屋《しばいごや》の左右にもうけられた客席《きゃくせき》のこと。お値段《ねだん》お高め
下手《しもて》
舞台の向かって左側のこと
上手《かみて》
舞台《ぶたい》の向かって右側《がわ》のこと
花道《はなみち》
舞台から客席《きゃくせき》の方向《ほうこう》にのびた道のこと。登場《とうじょう》や退場《たいじょう》につかわれる
ます席
通路用《つうろよう》の板でくぎられた席。お値段ひかえめ

「くまどり」には意味《いみ》がある

歌舞伎役者《かぶきやくしゃ》の顔に描《えが》かれたカラフルな線が「くまどり」。くまどりの色によって役《やく》の性格《せいかく》がわかるんだ。

筋隈…赤いくまどりは若《わか》さや勇気《ゆうき》を示《しめ》す。
『暫《しばらく》』の鎌倉権五郎景政《かまくらごんごろうかげまさ》がこれ
公家荒…大悪党《だいあくとう》を、冷《つめ》たい青のくまどりで示す
茶隈…鬼《おに》や精霊《せいれい》などこの世《よ》のものではないことを示す

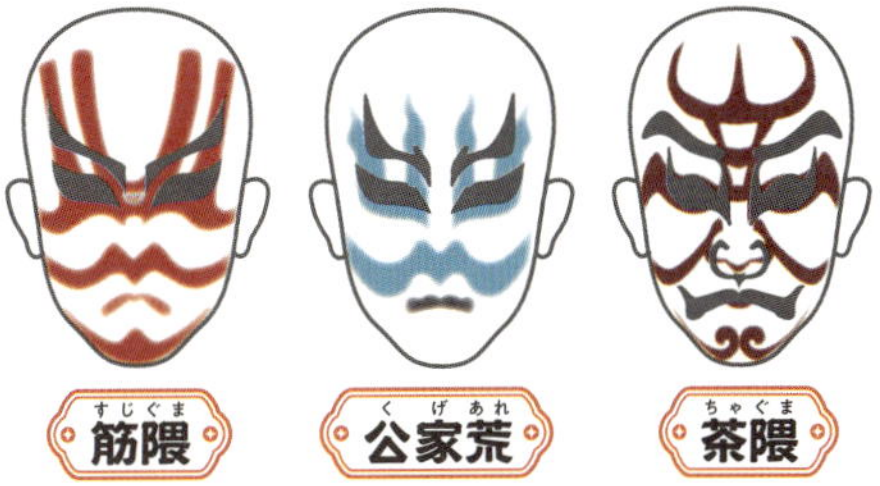
筋隈《すじぐま》
公家荒《くげあれ》
茶隈《ちゃぐま》

知っとコーナー
スペシャル
その二

江戸《えど》文化《ぶんか》発展《はってん》の「縁《えん》の下の力持ち」 寺子屋《てらこや》

**浮世草子《うきよぞうし》や読本《よみほん》の大人気《だいにんき》も
庶民《しょみん》が字を読めればこそ
それを支《ささ》えたのが寺子屋《てらこや》だよ**

まさに化政文化《かせいぶんか》のまっただ中、文政元《ぶんせいがん》（1818）年ごろから急激《きゅうげき》に増《ふ》え始めるのが寺子屋《てらこや》（57ページ）です。三都《さんと》（22ページ）はもちろんのこと、全国《ぜんこく》の町や村のお寺に7～15歳《さい》ぐらいの子どもたち10～60人を集め、「読み・書き・そろばん（計算《けいさん》）」を教えていました。女の子も入学《にゅうがく》でき、日本橋《にほんばし》など豊《ゆた》かな町人《ちょうにん》が多い町では、男女ほぼ同数《どうすう》だったそうだよ。幕末《ばくまつ》（1853～1868年）のころには、日本中に1万5000以上の寺子屋があったと言われています。

江戸時代《えどじだい》の人たちがこれほど教育熱心《きょういくねっしん》だったのは、庶民《しょみん》といえど、読み書きや計算が欠《か》かせなかったからです。幕府《ばくふ》からのお触《ふ》れ（知らせ）を読むにも文字が読めなければなりませんし、計算ができなければ年貢《ねんぐ》を不《ふ》当《とう》に取られないとも限《かぎ》りません。なにより文字が読めれば、こっけい本《ぼん》（95ページ）などの本だって楽しめます。それで多少《たしょう》でも余裕《よゆう》がある親たちは、子どもたちをこぞって寺子屋に通わせました。

生徒《せいと》たちは「筆子《ふでこ》」、先生は「師匠《ししょう》」と呼《よ》ばれ、師匠はお坊《ぼう》さんや仕事《しごと》にあぶれた「寄《より》合《あい》・小普請組《こぶしんぐみ》」（56ページ）の武士《ぶし》などがつとめました。成績《せいせき》が優秀《ゆうしゅう》だったり、さらに高い学問《がくもん》を身につけたいと思う者は、私塾《しじゅく》（個人《こじん》が開《ひら》いた学校）に行きました。

これ以降《いこう》見ていく医学《いがく》や天文学《てんもんがく》などの発展《はってん》には、あの時代では世界《せかい》でもめずらしいほどの、教育《きょういく》の充実《じゅうじつ》があったのです。

江戸《えど》も令和《れいわ》も、教室内《きょうしつない》での子どもたちは変《か》わらない

日本独自《にほんどくじ》の数学文化《すうがくぶんか》「算額《さんがく》」

「算額《さんがく》」とは、額《がく》に数学《すうがく》の問題《もんだい》や答えを書いて、神社《じんじゃ》やお寺に納《おさ》めたもののことだよ。難《むずか》しい問題が解《と》けた感謝《かんしゃ》で納められるものでしたが、そのうち、答えを書かずに納める者《もの》が出始《ではじ》めました。「これが解《と》ける知恵者《ちえもの》はいるかな?」という挑戦状《ちょうせんじょう》です。算額を見て問題が解けると解答を算額として納めたり、それをヒントに考えた問題をさらに算額にして納めたりしました。いまでも全国《ぜんこく》に1000近い算額が残《のこ》っていて、なかには科学者《かがくしゃ》が20世紀《せいき》になってようやっと解《と》いた「六球連鎖《ろくきゅうれんさ》の定《てい》理《り》」という問題が、その100年前の1822年の算額に解答付《つ》きで納められたものまであるほどです。

花開《はなひら》く江戸文化《えどぶんか》 その五

藩校《はんこう》と私塾《しじゅく》の発展《はってん》

庶民《しょみん》が寺子屋《てらこや》で学べば 武士《ぶし》だって負《ま》けていません 武士のための学校が藩校《はんこう》だよ

産業《さんぎょう》がさかんになれば、誰《だれ》でも欲《ほ》しいもの・買わなくてはならないものがたくさん出てきます。江戸時代《えどじだい》もそれは同じで、どの藩《はん》もお金のやりくりに苦労《くろう》していました。

きびしい財政《ざいせい》の建《た》て直《なお》しや新しい産業を育てるためにも、新しい知識《ちしき》を学ぶ必要《ひつよう》があったのです。こうした考え方のもと、自分の藩の武士たちの知識を広めようと作られたのが藩校《はんこう》だよ。

最初《さいしょ》のうちは、儒学《じゅがく》という中国で生まれた教えを学ぶ学校でしたが、そのうち日本の古くからの歴史や考え方を研究《けんきゅう》する国学《こくがく》や、数《すう》学《がく》、医学《いがく》や天文学《てんもんがく》などを学ぶ藩校も現《あらわ》れました。水戸《みと》藩主《はんしゅ》の徳川斉昭《とくがわなりあき》が作り、儒学から天文学、医学から水泳《すいえい》まで教えた江戸時代の総《そう》合大学《ごうだいがく》ともいうべき「弘道館《こうどうかん》」がこれです。

個人《こじん》が開いた学校である私塾《しじゅく》（108ページ）にもまた、すぐれた学者《がくしゃ》が教える知識を求《もと》めて、たくさんの人たちが入学しました。

こうした私塾には、オランダ医学を学んだ緒方洪庵《おがたこうあん》が教えた大坂《おおさか》の「適塾《てきじゅく》」（114ページ）や、幕末《ばくまつ》に倒幕《とうばく》の志士《しし》※が吉田松陰《よしだしょういん》に学んだ長州藩《ちょうしゅうはん》（山口県《やまぐちけん》）の「松下村塾《しょうかそんじゅく》」などがあり、いくつかには町民も入学が許《ゆる》されました。さまざまな分野に、いろいろな出身《しゅっしん》の人材《じんざい》が巣立《すだ》っていったのです。

明治元《めいじがん》（1868）年、明治維新《めいじいしん》で日本は開国《かいこく》、急速《きゅうそく》に発展《はってん》していきますが、それができたのは、藩校や私塾でのすぐれた教育を受《う》けた人たちの存在《そんざい》があったからこそでした。

※倒幕の志士……朝廷《ちょうてい》の側《がわ》に立ち、幕府《ばくふ》を倒《たお》そうと戦《たたか》った人びとのこと

化政年間《かせいねんかん》を中心《ちゅうしん》に、全国《ぜんこく》に藩校《はんこう》・私塾《しじゅく》が続々《ぞくぞく》と誕生《たんじょう》!

※化政年間を中心に開校の藩校と私塾のみをピックアップして紹介

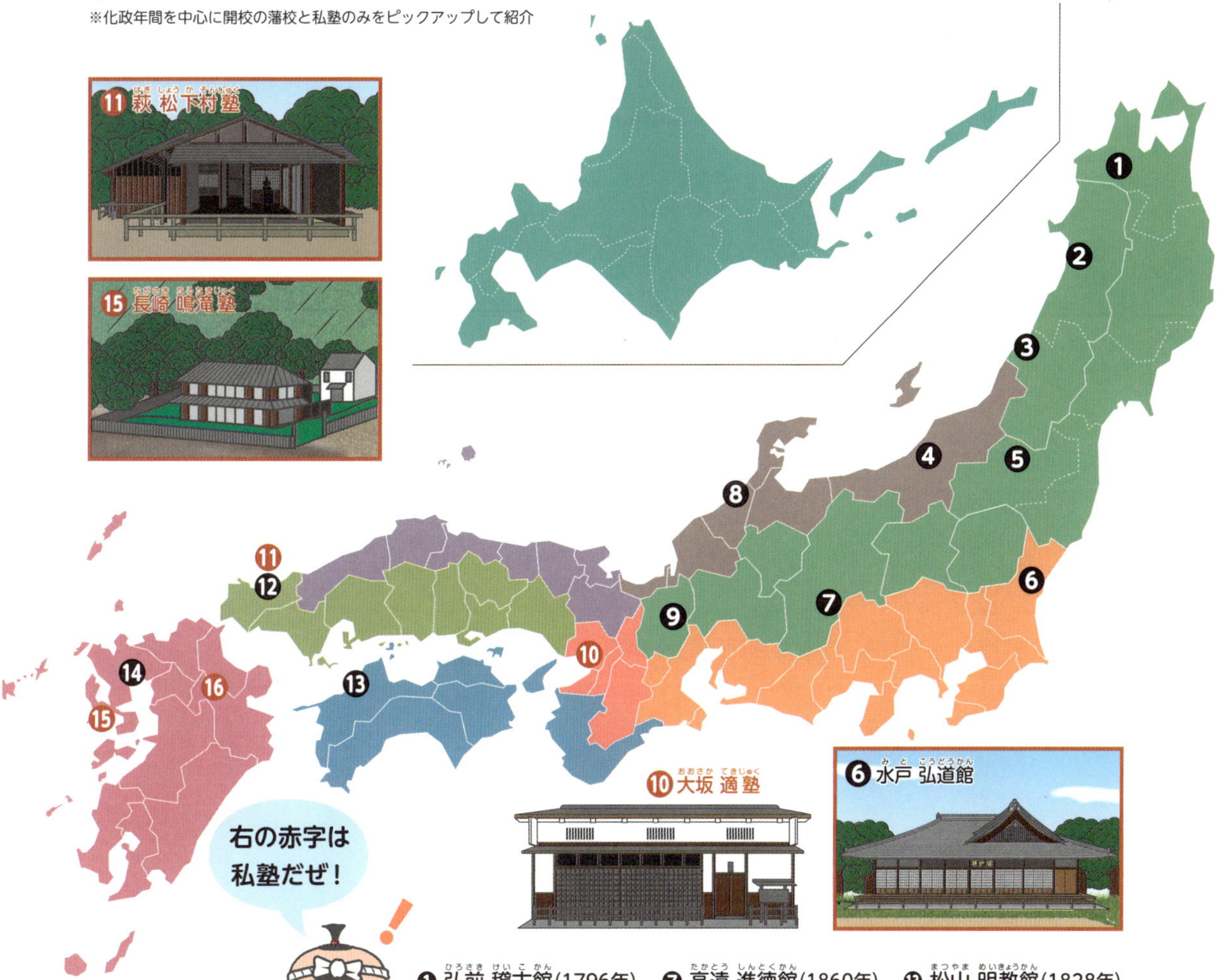

❶ 弘前《ひろさき》 稽古館《けいこかん》(1796年)
❷ 秋田《あきた》 明徳館《めいとくかん》(1811年)※
❸ 鶴岡《つるおか》 致道館《ちどうかん》(1805年)
❹ 長岡《ながおか》 崇徳館《そうとくかん》(1808年)
❺ 会津《あいづ》 日新館《にっしんかん》(1803年)
❻ 水戸《みと》 弘道館《こうどうかん》(1841年)
❼ 高遠《たかとう》 進徳館《しんとくかん》(1860年)
❽ 金沢《かなざわ》 壮猶館《そうゆうかん》(1854年)
❾ 彦根《ひこね》 弘道館《こうどうかん》(1830年)※
❿ 大坂《おおさか》 適塾《てきじゅく》(1838年)
⓫ 萩《はぎ》 松下村塾《しょうかそんじゅく》(1842年)
⓬ 萩《はぎ》 明倫館《めいりんかん》(1849年に移転ののち拡大開校)
⓭ 松山《まつやま》 明教館《めいきょうかん》(1828年)
⓮ 佐賀《さが》 弘道館《こうどうかん》(1781年)
⓯ 長崎《ながさき》 鳴滝塾《たるたきじゅく》(1824年)
⓰ 日田《ひた》 咸宜園《かんぎえん》(1805年)

※❷1789年に明道館《めいどうかん》として誕生《たんじょう》。1811年に明徳館に。❾1812年に稽古館《けいこかん》として誕生。1830年に弘道館に

花開《はなひら》く江戸文化《えどぶんか》 その六

国学《こくがく》の発達《はったつ》

江戸期《えどき》に発達《はったつ》したのが 国学《こくがく》という日本独自《どくじ》の学問《がくもん》 日本の開国《かいこく》にも影響《えいきょう》を与《あた》えたよ

江戸時代《えどじだい》は、日本独自《どくじ》の考え方が見直《みなお》され始めた時代でもありました。それを研究《けんきゅう》するのが「国学《こくがく》」です。

当初《とうしょ》、日本では中国の教えであり、孔子《こうし》という聖人《せいじん》が唱《とな》えた儒学《じゅがく》をもとにした「朱子《しゅし》学《がく》」が重要視《じゅうようし》されていました。身分《みぶん》の上下を大切《たいせつ》にする朱子学は、身分《みぶん》が上とされた武士《ぶし》が政治《せいじ》を行《おこな》う幕府《ばくふ》にとっても都合《つごう》がよかったからです。のちには幕府を含《ふく》む上の人たちの批判《ひはん》も行う「陽明学《ようめいがく》」という学問が起こり、さらには朱子学や陽明学の原点《げんてん》に戻《もど》ろうという「古学《こがく》」が起こりました。

国学の起《お》こりは江戸時代の中ごろ（1700～1750年ごろ）です。賀茂真淵《かものまぶち》や本居《もとおり》宣長《のりなが》が、日本の古い本である『万葉集《まんようしゅう》』や『古事記《こじき》』を研究《けんきゅう》。こうした本にある日本独自の考え方や物事《ものごと》の見方《みかた》こそが、日本人にふさわしいと主張《しゅちょう》したのです。これこそが、「国学」でした。

江戸時代の後半《こうはん》（1750～1850年ごろ）になると、平田篤胤《ひらたあつたね》（1776～1843年）が「日本は世界《せかい》の中心《ちゅうしん》であり、その国のあるじである天皇《てんのう》こそすべての国の主人である」という「復古神道《ふっこしんとう》」を主張しました。

天皇こそがあるじであるとの考え方は、幕府ではなく天皇こそが国を治《おさ》めるべきであるという考え方を刺激《しげき》し、幕末《ばくまつ》（1853～1867年）に起こった尊王攘夷運動《そんのうじょういうんどう》※にも強い影響《えいきょう》を与《あた》えることになりました。

※尊王攘夷運動……天皇《てんのう》を尊《たっと》び、諸外国《しょがいこく》、特《とく》に西洋《せいよう》を野蛮《やばん》な国と考えて、天皇を頂点《ちょうてん》とした国作りをし、西洋人《せいようじん》を入れまいとする動きのこと

これが「国学《こくがく》の四大人《しうし》」

「大人《うし》」とは、学者《がくしゃ》や
先生をうやまって
言う言葉だぜ

荷田春満《かだのあずままろ》（1669～1736年）

「国学」を始めたのがこの人。『古事記《こじき》』に登場《とうじょう》する天之御中主神《あめのみなかぬしのかみ》という神さまを尊《たっと》ぼうと呼《よ》びかけた

賀茂真淵《かものまぶち》（1697～1769年）

荷田春満の弟子《でし》で、『万葉集《まんようしゅう》』という最古《さいこ》の歌集《かしゅう》を研究《けんきゅう》。万葉風の和歌《わか》を復活《ふっかつ》させ、さらには「当時《とうじ》のような自然《しぜん》な考え方や態度《たいど》こそが「日本人のあるべき姿《すがた》」と主張《しゅちょう》した

本居宣長《もとおりのりなが》（1730～1801年）

日本でもっとも古い歴史《れきし》の本『古事記』を研究し、その解説《かいせつ》書《しょ》を出版《しゅっぱん》した

平田篤胤《ひらたあつたね》（1776～1843年）

日本が世界《せかい》の中心《ちゅうしん》という「復古神道《ふっこしんとう》」を主張。倒幕《とうばく》のみならず、戦《せん》前《ぜん》の日本にも大きな影響《えいきょう》を与《あた》えた

一目でわかる「朱子学《しゅしがく》」「陽明学《ようめいがく》」「古学《こがく》」

	中国《ちゅうごく》では……	日本では……	幕府《ばくふ》の反応《はんのう》	おもな学者
朱子学《しゅしがく》	孔子《こうし》の言葉《ことば》をまとめた『論語《ろんご》』をもとに、物事《ものごと》がそうである理屈《りくつ》を説《と》く	「物事がそうである理屈」の中でも上下関係の大切《たいせつ》さを重視	上下関係を大切にするので幕府はごきげん。昌平《しょうへい》黌《こう》という学校まで作る	林羅山《はやしらざん》（1583～1657年） 新井白石《あらいはくせき》（1657～1725年）
陽明学《ようめいがく》	朱子学を批判《ひはん》して起こる。上下関係《じょうげかんけい》よりも自分《じぶん》の良《りょう》心《しん》を重視《じゅうし》	自分の良心に従《したが》い、幕府への批判《ひはん》もいとわない	幕府批判におかんむり。禁止《きんし》する	中江藤樹《なかえとうじゅ》（1608～1648年） 大塩平八郎《おおしおへいはちろう》（1793～1837年）
古学《こがく》	古学は日本独自《どくじ》の学問だぜ	朱子学も陽明学も否《ひ》定《てい》。孔子の教えに帰ることを主張《しゅちょう》	禁止こそしないが、お気に入りの朱子学への批判をおそれて目を光らせる	山鹿素行《やまがそこう》（1622～1685年） 伊藤仁斎《いとうじんさい》（1627～1705年） 荻生徂徠《おぎゅうそらい》（1666～1728年）

花開《はなひら》く江戸文化《えどぶんか》
その七

自然科学《しぜんかがく》と医学《いがく》の進歩《しんぽ》

産業《さんぎょう》の発達《はったつ》は生活《せいかつ》に役立《やくだ》つ科学《かがく》の発達《はったつ》をうながしました その代表格《だいひょうかく》が、本草学《ほんぞうがく》や医学《いがく》だよ

産業《さんぎょう》の発達《はったつ》は消費《しょうひ》をうながします。消費が盛《さか》んになればお金が必要《ひつよう》に。よりお金を手に入れるには、産業をより発展《はってん》させることが近《ちか》道《みち》です。

こうした考え方のもと、江戸時代《えどじだい》には観察《かんさつ》や実験《じっけん》を通して自然界《しぜんかい》を知る「自然科学《しぜんかがく》」が発展しました。この時代、大きく発展した自然科学が本草学《ほんぞうがく》。動植物《どうしょくぶつ》や鉱物《こうぶつ》を研究《けんきゅう》して薬になるものを見つけようという学問《がくもん》だよ。

貝原益軒《かいばらえきけん》は実地調査《じっちちょうさ》をして『大和本草《やまとほんぞう》』として出版《しゅっぱん》し、日本で見られる動植物と鉱物《こうぶつ》千種類以上《せんしゅるいいじょう》を分類《ぶんるい》しました。薬を発見《はっけん》するという目的《もくてき》をこえて、あらゆるものを分類しようと試《こころ》みたのです。

産業で豊《ゆた》かになると、人は長生きしたくなるようです。江戸時代、医学《いがく》は中国から伝《つた》わって日本で発達《はったつ》した漢方《かんぽう》が主流でしたが、西洋《せいよう》医学が注目《ちゅうもく》されるようになりました。たとえば漢方では「五臓六腑説《ごぞうろっぷせつ》」※が説《と》かれていましたが、人の身体《からだ》はそれでは説明《せつめい》がつかないことばかり。明和《めいわ》8（1771）年に杉田玄白《すぎたげんぱく》や前野良沢《まえのりょうたく》らが囚人《しゅうじん》の腑分《ふわ》け（解剖《かいぼう》）を見学《けんがく》すると、西洋医学の正確《せいかく》さにびっくり仰天《ぎょうてん》。安永《あんえい》4（1774）年に『解体新書《かいたいしんしょ》』として出版しました。

19世紀《せいき》になると緒方洪庵《おがたこうあん》が大坂《おおさか》に適塾《てきじゅく》（111ページ）を、ドイツ人医師《いし》・シーボルトは長崎《ながさき》に鳴滝塾《なるたきじゅく》を開校《かいこう》。鳴滝塾では、日本で最初《さいしょ》に牛痘《ぎゅうとう》を使って天然痘《てんねんとう》を予防《よぼう》した伊東《いとう》玄朴《げんぼく》が学びました。

※五臓六腑説……身体《からだ》の中にある内臓《ないぞう》は五臓（肝《かん》・心《しん》・脾《ひ》・肺《はい》・腎《じん》）と六腑（胆《たん》・小腸《しょうちょう》・胃《い》・大腸《だいちょう》・膀胱《ぼうこう》・三焦《さんしょう》／リンパ腺《せん》）であるとする考え

「ちょっと腹《はら》が痛《いた》くてな」「貝原《かいばら》先生が見つけたこれがよう効《き》きますよ」

18 世紀《せいき》の玄白《げんぱく》先生や良沢《りょうたく》先生の『解体新書《かいたいしんしょ》』に刺激《しげき》を受《う》けて 19 世紀に開校《かいこう》したのが、適塾《てきじゅく》や鳴滝塾《なるたきじゅく》（111 ページ）よ！

貝原益軒《かいばらえきけん》
（1630～1714年）

日本初《はつ》のベストセラー健康本《けんこうほん》？『養生訓《ようじょうくん》』

貝原益軒《かいばらえきけん》は、本草学者《ほんぞうがくしゃ》としてだけでなく、健康本《けんこうほん》の作者《さくしゃ》としても有《ゆう》名《めい》です。『養生訓《ようじょうくん》』がそれで、健康を保《たも》つ方法《ほうほう》として、バランスの取れた食事《しょくじ》と適度《てきど》な運動《うんどう》、ぐっすり眠《ねむ》ってストレスを減《へ》らすことなどをすすめています。当時《とうじ》の江戸《えど》の人びとのほとんどは40歳《さい》まで生きられない中、貝原は84歳の長寿《ちょうじゅ》を保《たも》ちましたから、きっと効《こう》果《か》がある教えなのでしょう。

知っとコーナー　その四

おどろきの精密《せいみつ》さ
〜日本地図を作った伊能忠敬《いのうただたか》〜

当時《とうじ》の平均寿命《へいきんじゅみょう》をこえる50歳《さい》で高橋至時《たかはしよしとき》に弟子《でし》入りして天文学《てんもんがく》を身につけ、寛政《かんせい》12（1800）年から文化《ぶんか》12（1815）年まで蝦夷地《えぞち》（北海道《ほっかいどう》）から種子島《たねがしま》、屋久島《やくしま》（鹿児島県《かごしまけん》）までを歩いて測《はか》り、その後、6年の期間《きかん》をかけて日本地図「大日本沿海輿地全図《だいにほんえんかいよちぜんず》」を作ったのが伊能忠敬《いのうただたか》※。

忠敬は①海岸線《かいがんせん》を正確《せいかく》な歩幅《ほはば》で歩くことで距離《きょり》と方角《ほうがく》を測り（導線法《どうせんほう》）、②見晴《みは》らしのいい山などから方位《ほうい》を測って誤差《ごさ》を正《ただ》し（交会法《こうかいほう》）、③さらには天体観測《かんそく》で緯度《いど》を測《はか》るという3つの方法の合《あ》わせ技《わざ》で正確な地図を作り上げました。

忠敬が日本全国を自分の足で歩いて作った地図はきわめて精密《せいみつ》で、明治以降《めいじいこう》も使われていたほどです。

正しく1歩《ぽ》69センチで歩《ある》けるよう、徹底的《てっていてき》に訓練《くんれん》して測量《そくりょう》に臨《のぞ》んだそうだぜ

伊能忠敬《いのうただたか》（1745〜1818年）

方位と角度《かくど》を測《はか》る「わんか羅針《らしん》」を手に持ち、全国測量《ぜんこくそくりょう》の旅に出発《しゅっぱつ》！

※忠敬は文化元（1818）年に74歳《さい》で死亡《しぼう》。その後、弟子《でし》たちが作業《さぎょう》を引《ひ》き受け、文政《ぶんせい》4（1821）年に地図を完成《かんせい》させる

第5章

江戸《えど》文化《ぶんか》の大輪《たいりん》の花・浮世絵《うきよえ》と蔦屋重三郎《つたやじゅうざぶろう》

町人文化《ちょうにんぶんか》の中で開花《かいか》

浮世絵《うきよえ》

町人《ちょうにん》のための芸術《げいじゅつ》が浮世絵《うきよえ》
どの作品《さくひん》からもイキイキとした
化政期《かせいき》（文化《ぶんか》・文政期《ぶんせいき》）のウキウキ感が感じられるよ！

11代将軍《だいしょうぐん》・徳川家斉《とくがわいえなり》のもと（18ページ）、文化《ぶんか》・文政期《ぶんせいき》（1804~1830年）に江《え》戸《ど》で花開いた文化《ぶんか》が化政《かせい》文化。町人《ちょうにん》による、町人のための文化ともいうべきこの文化の「大輪《たいりん》の花」といえば、なんといっても浮世《うきよ》絵《え》でしょう。

もともと浮世草子《ぞうし》をおもしろく、わかりやすくするためのさし絵として生まれた浮世絵ですが（92ページ）、錦絵《にしきえ》としてカラー化すると、単《たん》なるさし絵ではなく絵画《かいが》として、人気《にんき》はゆるぎないものになっていきます。今では浮世絵というと葛飾北斎《かつしかほくさい》の富士山《ふじさん》や歌川広重《うたがわひろしげ》の風景画《ふうけいが》などが人気《にんき》ですが、当時《とうじ》はきれいな女性《じょせい》や恋《こい》する男女、人気の歌舞伎役者《かぶきやくしゃ》など、人物《じんぶつ》を描《えが》いたものも人気でした。

現在《げんざい》では美術品《びじゅつひん》として数億円《すうおくえん》の値段《ねだん》がつくこともある浮世絵ですが、当時はそんな高《こう》級《きゅう》なものではなく、現在のファッション雑誌《ざっし》や推《お》しアイドルの写真集《しゃしんしゅう》、あるいは観光《かんこう》ガイドブックのように、庶民《しょみん》が気楽《きらく》に楽しむためのものだったのです。

江戸《えど》の町人たちはもちろん、参勤交代《さんきんこうたい》でやってきた武士《ぶし》たちも、こうした浮世絵を江戸みやげとして地元《じもと》に持ち帰りました。人びとは浮世絵を通して着物《きもの》の流行《りゅうこう》を知り、美人《びじん》や歌舞伎役者の大首絵《おおくびえ》（132ページ）にうっとりとし、情感《じょうかん》あふれる名所絵《めいしょえ》に旅ごころをかき立てられていました。

浮世絵は、江戸の最新情報《さいしんじょうほう》を知るための、貴重《きちょう》な情報源《げん》でもあったのです。

女性《じょせい》たちは浮世絵《うきよえ》で最新流行《さいしんりゅうこう》をチェック

浮世絵は1枚《まい》16文《もん》(400円)ぐらい。かけそば1杯《ぱい》と同じくらいの値段《ねだん》で売られていたぜ

人気浮世絵師《にんきうきよえし》・年表《ねんぴょう》

1650年　1700年　1750年　1800年　1850年

- 菱川師宣《ひしかわもろのぶ》(1618～1694年/92ページ)
- 鳥居清広《とりいきよひろ》(?～1776年?/92ページ)
- 鈴木春信《すずきはるのぶ》(1725?～1770年/136ページ)
- 鳥居清長《とりいきよなが》(1752～1815年/130ページ)
- 喜多川歌麿《きたがわうたまろ》(1753～1806年/132ページ)
- 東洲斎写楽《とうしゅうさいしゃらく》(活動期《かつどうき》・1794～1795年/134ページ)
- 葛飾北斎《かつしかほくさい》(1760～1849年/138ページ)
- 歌川広重《うたがわひろしげ》(1797～1858年/140ページ)
- 歌川芳虎《よしとら》(1836?～1880年?/142ページ)

浮世絵《うきよえ》はバラエティ豊《ゆた》か！

世界《せかい》を魅了《みりょう》した風景画《ふうけいが》からエッチなものまで

庶民《しょみん》の気楽《きらく》な楽しみが浮世絵《うきよえ》
だから内容《ないよう》も実用的《じつようてき》
わかりやすい作品《さくひん》が好《この》まれたよ

役者絵《やくしゃえ》

江戸女子《えどじょし》に大人気《だいにんき》！

助六《すけろく》さま～
ス・テ・キ…！

美人画《びじんが》

当時《とうじ》のアイドルの写真集《しゃしんしゅう》？

萌《も》えキュン！

名所絵《めいしょえ》

旅ごころくすぐる観光《かんこう》ガイド

オラも行ってみてぇなぁ！

芝居絵《しばいえ》

歌舞伎《かぶき》のCM

我《われ》らのあこがれ…

武者絵《むしゃえ》

元祖《がんそ》「ヒーロー物」!?

花鳥画《かちょうが》

切手《きって》になったものも多数《たすう》！

戯画《ぎが》

ユーモアあふれるものや絵の描《か》き方本《かたぼん》も！

本書イラストレーター
いとうみつる

春画《しゅんが》

エッチな浮世絵

判《はん》じ絵《え》

なぞなぞもあるよ！

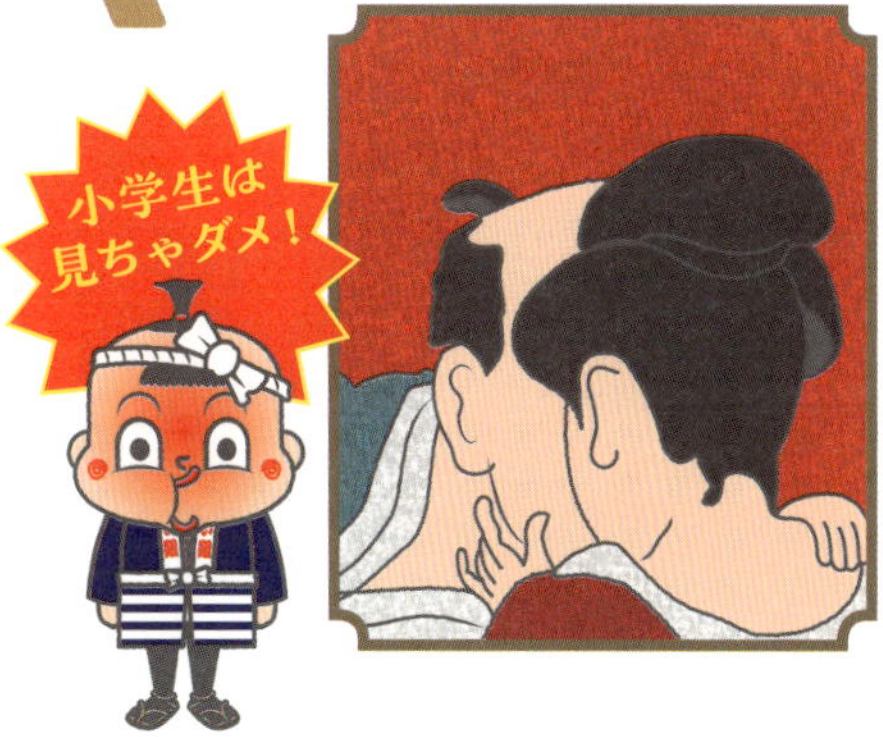

※お茶を立てる「がま」で「茶釜《ちゃがま》」

浮世絵《うきよえ》ができるまで

そもそも実用品《じつようひん》として誕生《たんじょう》したのが浮世絵《うきよえ》ですから生産《せいさん》もたくさんの量《りょう》を一気《いっき》に作れるよう多くの人で手分《てわ》けして作られたよ

1 版元《はんもと》（浮世絵を出版《しゅっぱん》する人）がどんな浮世絵がウケるかを考える

出版する浮世絵は、社会状況《しゃかいじょうきょう》や人気《にんき》、流《りゅう》行《こう》を考えて決められる。版元のセンスの見《み》せ所《どころ》

2 下絵《したえ》を描《か》く

❶で版元が「これがウケる!」と考えた絵を、絵師《えし》がすみで和紙《わし》に下絵を描く。どこにどんな色を使うかを決めるのも絵師の役目《やくめ》

3 版木《はんぎ》をほる

❷の下絵をもとに、ほり師《し》が使う色の数と同じ数の版木をほる。ほり終えた版木はすべてすり師に渡される

4 すり師《し》がすって見本《みほん》を作る 版元と絵師からＯＫ《おーけー》を取る

5 ＯＫが取れたら本格的《ほんかくてき》なすり作業《さぎょう》に入る

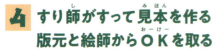

~すりの手順《てじゅん》~

1 最初《さいしょ》に浮世絵《うきよえ》のりんかく線（主版《おもはん》）をする

2 黄色《きいろ》の版木で空と船に色を入れる

3 ❷に灰色《はいいろ》の版《はん》を重《かさ》ねて影《かげ》をつけ、絵に奥行《おくゆ》きを出す

4 ❸に黒色の版を重ねて背景をぼかす

完成

5 青色の版を重ねる

浮世絵は、絵師、
ほり師、すり師の
合作《がっさく》ってこったな

蔦屋重三郎《つたやじゅうざぶろう》 その一

**文化《ぶんか》の流行《りゅうこう》には仕掛《しか》け人《にん》がいるものです
出版《しゅっぱん》で浮世絵《うきよえ》文化《ぶんか》の大きな花を咲かせた
仕掛け人が、蔦屋重三郎《つたやじゅうざぶろう》という人だよ**

大人気《だいにんき》アイドルには、その人物《じんぶつ》を見出《みいだ》し、マッチする曲《きょく》や役《やく》を考えてテレビなどでの売り出しを図《はか》る「プロデューサー」という人が寄《よ》り添《そ》っています。これは文学《ぶんがく》や浮世絵《うきよえ》も同じで、作家《さっか》や浮世絵師《えし》を見出して世《よ》に知《し》らしめた出版《しゅっぱん》プロデューサーがいました。それが蔦屋重三郎《つたやじゅうざぶろう》だよ。

「蔦重《つたじゅう》」とも呼ばれていた重三郎は、江戸《えど》一《いち》番《ばん》の遊廓《ゆうかく》・吉原《よしわら》（128ページ）で生まれました。安永《あんえい》2（1773）年、吉原への入口である吉原大門《よしわらおおもん》のかたわらに、耕書堂《こうしょどう》という本《ほん》屋《や》を開きます。翌年《よくねん》、吉原の地図《ちず》や人気遊女《にんきゆうじょ》の名前《なまえ》などを乗せた「吉原ガイドブック」を発行《はっこう》。これが大人気《だいにんき》となったのです。重三郎にはどうやら、人びとが何を求《もと》めているかがわかる、特別《とくべつ》な才能《さいのう》があったようです。

重三郎はみずからも趣味《しゅみ》としていた狂歌《きょうか》※の会に出入《でい》りし、人気狂歌作家たちに気に入られることで黄表紙《きびょうし》やしゃれ本《ぼん》（95ページ）などを続々《ぞくぞく》と出版、江戸きっての地本問屋《じほんどんや》（103ページ）になります。『東海道中膝栗毛《とうかいどうちゅうひざくりげ》』で人気作家になった十返舎一九《じっぺんしゃいっく》は重三郎の店「耕書堂」で働《はたら》いていましたし、『南総《なんそう》里見八犬伝《さとみはっけんでん》』を書いた曲亭馬琴《きょくていばきん》もまた、重三郎の店の手代《てだい》という仕事《しごと》をしていたよ。

ところが寛政《かんせい》3（1791）年、重三郎は財産《ざいさん》を半分《はんぶん》取り上げられる過料《かりょう》という罰金刑《ばっきんけい》を受けます。ちょうど寛政の改革《かいかく》（18ページ）の真《ま》っ最中《さいちゅう》。重三郎発行の黄表紙が、幕府《ばくふ》からとがめられたがためでした。

※狂歌……こっけいな表現《ひょうげん》で世の中や政治《せいじ》を表《あらわ》した短歌《たんか》の1種《しゅ》。5・7・5・7・7の31文字《もじ》で作られる

蔦重《つたじゅう》、狂歌《きょうか》の会で人気作家《にんきさっか》を口説《くど》く！

コスプレ中の人気作家衆《にんきさっかしゅう》の狂歌《きょうか》の会に蔦重《つたじゅう》のダンナがすずりと筆《ふで》を持っておじゃま。左下で、執筆《しっぴつ》をうながしているのが蔦重でさあ。ダンナはこうして人気地本問屋《じほんどんや》になっていったんだぜ
蔦屋重三郎《つたやじゅうざぶろう》
(1750～1797年)

重三郎《じゅうざぶろう》、幕府《ばくふ》に目をつけられて財産没収《ざいさんぼっしゅう》

山東京伝《さんとうきょうでん》
(1761～1816年)

重三郎《じゅうざぶろう》が財産《ざいさん》を取り上げられる原因《げんいん》となったのが、浮世絵師《うきよえし》にして作家《さっか》の山東京伝《さんとうきょうでん》の『仕懸文庫《しかけぶんこ》』などの3つのしゃれ本です。この3冊が出版されたのはちょうど寛政《かんせい》の改革《かいかく》の最中《さいちゅう》。「みだらな本、幕府《ばくふ》を悪く言う本は取《と》り締《し》まる」との決まりに触《ふ》れ、京伝も両手《りょうて》に鎖《くさり》をつけられて50日を過《す》ごす「手鎖《てぐさり》50日の刑」を受《う》けることに。実《じつ》はこの事件《じけん》以前《いぜん》から幕府《ばくふ》や武士《ぶし》を批判《ひはん》する黄表紙を発行《はっこう》していた重三郎は、幕府にとって目の上のたんこぶのような存在《そんざい》。幕府は『仕懸文庫』をきっかけに、ここぞとばかりに重三郎の口ふうじ※を図《はか》ったのです。

※口ふうじ……秘密《ひみつ》や都合《つごう》の悪いことを広められては困《こま》る相手《あいて》をつかまえたり、殺《ころ》したりすること

江戸《えど》の出版《しゅっぱん》プロデューサー
蔦屋重三郎《つたやじゅうざぶろう》 その二

言葉《ことば》による風刺《ふうし》※をうばわれた重三郎《じゅうざぶろう》が次《つぎ》に挑《いど》んだもの それこそが浮世絵《うきよえ》だったよ

江戸《えど》きっての地本問屋《じほんどんや》（１０３ページ）となったものの、幕府《ばくふ》に財産《ざいさん》を取《と》り上《あ》げられてしまった蔦屋重三郎《つたやじゅうざぶろう》。そんな重三郎が目をつけたのが、絵で世《よ》の中《なか》を風刺《ふうし》する浮世絵《うきよえ》でした。黄表紙《きびょうし》で幕府を批判《ひはん》した反骨精神《はんこつせいしん》※は、財産をうばわれるぐらいではくじけることはなかったのです。

まずは喜多川歌麿《きたがわうたまろ》（１３２ページ）に美人画《びじんが》の制作《せいさく》を依頼《いらい》。以降《いこう》も東洲斎写楽《とうしゅうさいしゃらく》（１３４ページ）、葛飾北斎《かつしかほくさい》（１３８ページ）などのすぐれた浮世絵師《えし》を発見《はっけん》、絵師の個性《こせい》にマッチした浮世絵を描《えが》かせては、耕書堂《こうしょどう》から次々《つぎつぎ》と発《はつ》売《ばい》し、江戸中《じゅう》の話題《わだい》をかっさらいます。

こうした新しい才能《さいのう》を見つける際《さい》に役立《やくだ》ったのが、黄表紙などの読み物の出版《しゅっぱん》でのつながりでした。黄表紙などの本にはさし絵がつきもの。歌麿も北斎も、こうしたさし絵を描くことで生活《せいかつ》のためのお金を得《え》ていた時期《じき》がありました。つまりは重三郎とも顔を合わせることがあったのです。

ちなみにあの北斎も、耕書堂の手代《てだい》で、のちに『南総里見八犬伝《なんそうさとみはっけんでん》』で人気作家となる曲《きょく》亭馬琴《ていばきん》の家に一時《いちじ》いそうろう※をし、馬琴が書いた『新編水滸画伝《しんぺんすいこがでん》』のさし絵を描いています。

そんな才能《さいのう》と才能を結《むす》びつけた重三郎は、寛政《かんせい》9（１７９７）年に脚気《かっけ》という病気《びょうき》で亡《な》くなります。蔦屋重三郎の名は、耕書堂で番頭を勤《つと》めていた勇介《ゆうすけ》が継《つ》ぎ、この名は文久《ぶんきゅう》元《がん》（１８６１）年の4代目《だいめ》まで続《つづ》いています。

※風刺……遠回《とおまわ》しに人や政治《せいじ》などを語《かた》ること　※反骨精神……大きな力や不正《ふせい》などに立《た》ち向《む》かい、自分《じぶん》の信《しん》じることを貫《つらぬ》く姿勢《しせい》のこと　※いそうろう……他人《たにん》の家に住み、時には雑用《ざつよう》などをしながら食べさせてもらっている人のこと

お客は武士《ぶし》から旅人《たびびと》まで。耕書堂《こうしょどう》から江戸文化《えどぶんか》が地方《ちほう》へ

年に二千両《にせんりょう》売り上げた年も。人気書店《にんきしょてん》「耕書堂《こうしょどう》」

蔦屋重三郎《つたやじゅうざぶろう》の店「耕書堂《こうしょどう》」は現在《げんざい》の中央区《ちゅうおうく》日本橋《にほんばし》にあり、おもに重三郎が作った黄表紙《きびょうし》や浮世絵《うきよえ》を扱《あつか》っていました。販売《はんばい》にも重三郎らしい工夫《くふう》があったよ。黄表紙は絵が中心《ちゅうしん》で文章《ぶんしょう》は少なめ。今でいうマンガといった感じです。こうした本なら読みに自信《じしん》がなくても読むことができます。また店では歌麿《うたまろ》の美人画《びじんが》や写楽作《しゃらくさく》の大首絵《おおくびえ》などを目立《めだ》つ場所《ばしょ》に置き、目を引くようにしていたそうです。こうした工夫で、耕書堂は２千両（２億円《おくえん》）売り上げた年もあったと言われているよ。

知っとコーナー スペシャル その三

江戸《えど》一番《いちばん》の遊廓《ゆうかく》 吉原《よしわら》

蔦屋重三郎《つたやじゅうざぶろう》が生まれたのが吉原《よしわら》 数千人《すうせんにん》の女性《じょせい》が集《つど》う 華《はな》やかで悲《かな》しい町です

男性《だんせい》がお金を払《はら》い、女性《じょせい》とおつきあいをする場所《ばしょ》。それが遊廓《ゆうかく》です。吉原《よしわら》はもっとも華《はな》やかで活気《かっき》ある、江戸《えど》で一番《いちばん》の遊廓でした。およそ2万8600坪《つぼ》、東京《とうきょう》ドーム2つ分《ぶん》の広さがあったという吉原遊廓は周囲《しゅうい》に黒いへいが建ち、お歯黒《はぐろ》どぶという堀《ほり》に囲《かこ》まれていました。中の女性たちが逃《に》げ出さないようにするためです。出入《でいり》口は「吉原大門《よしわらおおもん》」と呼《よ》ばれる門1か所《しょ》のみで、門から一歩中に入ると、そこにはもう、別世界《べっせかい》が広がっていました。ろうそくがきわめて高価《こうか》だった時代《じだい》におし気《げ》もなく火がつけられ、夜でも通《とお》りで文字《もじ》が読めたほど。大門の入口近くにはあの蔦《つた》屋《や》重三郎《じゅうざぶろう》の書店《しょてん》・耕書堂《こうしょどう》の第《だい》1号店《ごうてん》があり（のちに日本橋《にほんばし》に引《ひ》っ越《こ》し）、吉原のガイドブックともいうべき『吉原細見《よしわらさいけん》』を売っていました（124ページ）。

表通《おもてどお》りには遊女《ゆうじょ》と呼ばれる女性たちが「張《はり》見世《みせ》」という部屋《へや》に座《すわ》り、色っぽい姿《すがた》で道行《みちゆ》く男性《だんせい》を誘《さそ》います。遊女たちとのおつきあいは時間制《じかんせい》で、お線香《せんこう》1本が燃《も》え尽《つ》きるまでが基本《きほん》でした。

こうした遊女たちにはランクがあって、その最上《さいじょう》ランクが花魁《おいらん》です。お客からお呼《よ》びがかかった花魁が吉原を練《ね》り歩く花魁道中《おいらんどうちゅう》は、吉原の名物《めいぶつ》でした。こうした花魁ともなると、江戸のファッションリーダーとも言うべき存《そん》在《ざい》です。会うだけで1両《りょう》（10万円《まんえん》）、宴会《えんかい》や一夜《いちや》のおつきあいをするには、最低《さいてい》でも15両（150万円）は必要《ひつよう》でした。

吉原大門一歩《よしわらおおもんいっぽ》くぐれば、浮世《うきよ》を忘《わす》れる別世界《べっせかい》

「生まれては苦界《くがい》※　死《し》しては浄閑寺《じょうかんじ》」

吉原《よしわら》の遊女《ゆうじょ》たちは当時《とうじ》のファッションリーダーでもありましたが、夫《おっと》や両親《りょうしん》などが作った借金《しゃっきん》のために売られてきた場合がほとんどでした。借金には重い利息《りそく》がつけられましたから、働《はたら》けど働けどお金を返し切ることはできません。お金持ちに借金を返してもらえたひと握《にぎ》りの幸運《こううん》な花魁《おいらん》は別《べつ》として、生きて吉原を出るのはほとんど不可能《ふかのう》でした。こうした遊女たちは病気《びょうき》になっても満足《まんぞく》な治《ち》療《りょう》は受《う》けられず、死《し》んだら「投《な》げ込《こ》み寺《でら》」と呼ばれる寺に放置《ほうち》されるだけ。今も荒川区《あらかわく》にある浄閑《じょうかん》寺《じ》には、1か月に40人ほどの遊女が運び込まれたという記録《きろく》が残《のこ》っています。

※苦界……仏教《ぶっきょう》の言葉《ことば》で苦《くる》しみの多いこの世《よ》のこと。転《てん》じて遊女がいる遊廓《ゆうかく》のことをいう

蔦屋重三郎《つたやじゅうざぶろう》が世《よ》に出した巨匠《きょしょう》たち

その一 鳥居清長《とりいきよなが》（1752~1815年）

歌麿《うたまろ》と並《なら》ぶ美人画浮世絵師《びじんがうきよえし》がこの人 背《せ》の高い女性像《じょせいぞう》は「江戸《えど》のビーナス」と呼《よ》ばれているよ

浮世絵《うきよえ》には、４つのグループがあります。浮世絵を始めた菱川師宣《ひしかわもろのぶ》（92ページ）を始祖《しそ》※とする「菱川派《は》」、浮世絵最大《さいだい》の集団《しゅうだん》である「歌川派《うたがわは》」、役者絵《やくしゃえ》の分野《ぶんや》で腕《うで》を振《ふ》るった「勝《かつ》川《かわ》派」。そして大坂《おおさか》の芝居小屋《しばいごや》で、お客を呼《よ》ぶための絵だった看板絵《かんばんえ》から始まった「鳥居《とりい》派」です。その鳥居派の、４代目《だいめ》にあたるのがこの人、鳥居清長《とりいきよなが》だよ。

最初《さいしょ》は鳥居派の代表《だいひょう》らしく役者絵を描《か》いていましたが、安永《あんえい》４（１７７５）年ごろから黄表紙《きびょうし》のさし絵を描き始めました。蔦屋《つたや》重《じゅう》三郎《ざぶろう》とは、どうやらこのころ知り合ったようです。

天明年間《てんめいねんかん》（１７８１~１７８９年）の終わりごろ、重三郎のもとで美人画浮世絵集《びじんがうきよえしゅう》の「雪月花東風流《せつげっかあずまふうりゅう》」を出版《しゅっぱん》。大きな紙２~３枚をつなげた大画面《だいがめん》に、身長《しんちょう》が頭８つ分もある高身長《こうしんちょう》でほっそりとした、八頭身美人《はっとうしんびじん》たちの姿《すがた》を描《えが》きました。

同じ美人画でも、喜多川歌麿《きたがわうたまろ》（１３２ページ）が大首絵《おおくびえ》で人物《じんぶつ》をアップで描いているのに対《たい》し、清長描く美女《びじょ》たちは、引いた視線《しせん》で江戸《えど》の風景《ふうけい》や季節《きせつ》のもよおしもプラスして描かれているのが特徴《とくちょう》でしょう。

美人画の背景《はいけい》にこうした江戸の風景を描いたのは実は清長が初めて。江戸風景の中に美女がたたずむ清長の浮世絵は、江戸の風景画《ふうけいが》として江戸を知らない人びとも楽しめただけでなく、のちには「江戸のビーナス」とたたえられるほど高い評価《ひょうか》を受《う》けます。

※始祖……家族《かぞく》やグループなどの最初《さいしょ》の人のこと

スラリとした八頭身美人《はっとうしんびじん》に江戸《えど》のみんなもうっとり……

女性《じょせい》の横に張《は》り出したヘアスタイルは、この時代《じだい》に大《だい》流行《りゅうこう》した「とうろう鬢《びん》」よ！

江戸《えど》の出版文化《しゅっぱんぶんか》は蔦屋重三郎《つたやじゅうざぶろう》あってこそ！

江戸中《えどじゅう》をうっとりさせた鳥居清長《とりいきよなが》を始《はじ》め、次《じ》ページで紹介《しょうかい》する「美人大首絵《びじんおおくびえ》」の喜多川歌麿《きたがわうたまろ》、134ページで取《と》り上《あ》げる東洲斎写楽《とうしゅうさいしゃらく》と、人気浮世絵師《にんきうきよえし》のかたわらには、社会《しゃかい》の流れを読み取《と》り、才能《さいのう》を見出す蔦屋重三郎《つたやじゅうざぶろう》がいました。重三郎がすばらしいのは才能を見出《みいだ》す力だけではありません。十返舎一九《じっぺんしゃいっく》や曲亭馬琴《きょくていばきん》は重三郎のもとで働《はたら》いていたように、才能と才能の出会《であ》いの場を作って組み合わせ、その際《さい》のぶつかり合いの中から新しいものを創《つく》り出させる力こそが重三郎最大の魅力《みりょく》でした。江戸の文化《ぶんか》を豊《ゆた》かでおもしろくしてくれた大恩人《だいおんじん》、それこそが、蔦屋重三郎なのです。

蔦屋重三郎《つたやじゅうざぶろう》が世《よ》に出した巨匠《きょしょう》たち

その二 喜多川歌麿《きたがわうたまろ》（1753〜1806年）

女性《じょせい》を描《えが》いた浮世絵《うきよえ》といえば なんといってもこの人 「美人大首絵《びじんおおくびえ》」で一世《いっせい》を風靡《ふうび》したよ

ぜいたくを禁《きん》じた「寛政《かんせい》の改革《かいかく》」（18ページ）は、浮世絵《うきよえ》にも大きな影響《えいきょう》を与《あた》えました。上質《じょうしつ》な紙を使ってはダメ、色数も少なくせよなど、たくさんの規制《きせい》が設《もう》けられたのです。そんな規制に「べらぼうめ！※」とばかりに登場《とうじょう》したのが、蔦屋重三郎《つたやじゅうざぶろう》が見出《みいだ》した喜多川《きたがわ》歌麿《うたまろ》（1753〜1806年）です。

二人《ふたり》はこうした規制に、それまでは全身《ぜんしん》を描《えが》くものだった人物画《じんぶつが》を、視線《しせん》をずっーとモデルに寄《よ》って上半身《じょうはんしん》をアップで描く、「美人《びじん》大首絵《おおくびえ》」で対抗《たいこう》しました。

大首絵《おおくびえ》では人物はクローズアップして描かれますから、着物《きもの》や帯《おび》の模様《もよう》も全身画《ぜんしんが》よりずっと大きく描くことができます。版木《はんぎ》を作るほりの工程《こうてい》を簡単《かんたん》にすることができるし、色数も少なくてすみます。そしてなによりも美女《びじょ》の顔が主役《しゅやく》ですから、上質な紙を使う必要《ひつよう》もありません。つまりは、低予算《ていよさん》で強い印象《いんしょう》を与える浮世絵を作れたのです。歌麿のこうした工夫《くふう》の影《かげ》には、言うまでもなく名《めい》プロデューサー、重三郎がいました。

重三郎の狙《ねら》いどおり、歌麿が描いた美女たちは江戸《えど》で大評判《だいひょうばん》に。歌麿も、美人と名高《なだか》い町娘《まちむすめ》から吉原《よしわら》の遊女《ゆうじょ》、ちょっとエッチな浮世絵まで、つぎつぎと発表《はっぴょう》していきます。

幕府《ばくふ》はこれを世《よ》を乱《みだ》すとして取《と》り締《し》まりましたが、二人《ふたり》は判《はん》じ絵《え》などで対抗。江戸の人びとに美人画を提供《ていきょう》し続《つづ》けました。そんな二人《ふたり》に、江戸の人びとも、ひそかに喝采《かっさい》を送ったのでした。

※べらぼうめ！……「なに言ってやがるんだ」という意味《いみ》。

歌麿作《うたまろさく》の大首絵《おおくびえ》のモデル・おきた見たさで難波屋《なにわや》は大盛況《だいせいきょう》！

高名美人六家撰
なんでなにわやおきたとわかるかって？　左上の判《はん》じ絵《え》よ！「菜《な》っぱが二把《にわ》（なにわ）」＋「矢《や》（や）」＋「海の沖《おき》（おき）」＋「田んぼ（た）」。これぐれえわからなきゃ、寛政《かんせい》の改革《かいかく》のお江戸《えど》じゃやっていけねえぜ！

美女《びじょ》はみな同じ顔の不思議《ふしぎ》

評判《ひょうばん》の町娘《まちむすめ》を描《えが》いた右の《寛政三美人《かんせいさんびじん》》を始め、歌麿《うたまろ》が描《えが》く美女《びじょ》はどれもみな似《に》ていて個性《こせい》というものが感じられません。これは、みんなが個人《こじん》でなく、歌麿が描いた「歌麿美人」を見たかったから。浮世絵師《うきよえし》はそれぞれが「これが美人だ」という理想《りそう》を浮世絵で作り出し、人びともその理想的な美人を見たがったのです。こうした「美人画《びじんが》は浮世絵師が作った美を楽しむもの」という決《き》まりを打《う》ち破《やぶ》る浮世絵師が登場します。それこそが、次《つぎ》のページで紹介《しょうかい》する東洲斎写楽《とうしゅうさいしゃらく》でした。

蔦屋重三郎《つたやじゅうざぶろう》が世《よ》に出した巨匠《きょしょう》たち

その三 東洲斎写楽《とうしゅうさいしゃらく》（1794～1795年／活動期《かつどうき》）

**みんなおんなじ顔なのが浮世絵《うきよえ》
そんな決《き》まりを打《う》ち破《やぶ》ったのが
なぞの浮世絵師《し》、写楽《しゃらく》です**

鈴木春信《すずきはるのぶ》の浮世絵《うきよえ》では春信作《さく》の美人《びじん》を、喜《き》多川歌麿《たがわうたまろ》の浮世絵では歌麿作の美人を味わうものだった浮世絵の楽しみ方を、変《か》えてしまう浮世絵師《し》が登場《とうじょう》しました。それこそが、東《とう》洲斎写楽《しゅうさいしゃらく》です。

写楽は寛政《かんせい》6（1794）年5月、蔦屋《つたや》重三郎《じゅうざぶろう》のもと、歌舞伎役者《かぶきやくしゃ》をモデルにした大首絵《おおくびえ》28作《さく》で浮世絵師としてデビューしました。歌麿と同じ大首絵ですが、描《えが》き方《かた》は歌麿の大首絵とは大《おお》ちがい。写楽はモデルとなった役者の動きの瞬間《しゅんかん》を止《と》め、その時の役者の表情《ひょうじょう》や顔の特徴《とくちょう》を、「これでもか！」といわんばかりに強調《きょうちょう》して描《えが》いたのです。こうした表現《ひょうげん》は、それまでの日本画《にほんが》にはありません。これまでなかったものを、重三郎と写楽が創《つく》り上《あ》げたのです。

ですが役者にしてみれば、自分《じぶん》をかっこよく、すてきに描いてほしいもの。モデルとなった歌舞伎役者からは不満《ふまん》の声が続出《ぞくしゅつ》しました。

歌舞伎ファンもまた、発行当初《はっこうとうしょ》はどぎもを抜《ぬ》かれてもてはやしましたが、次第《しだい》に離《はな》れていきました。「好きな役者は、かっこよく描かれてほしい」が、正直《しょうじき》なファン心理《しんり》だったからでした。

こうした人気低迷《にんきていめい》が原因《げんいん》になったのか、写楽は翌《よく》寛政7（1795）年、なぜかこつぜんと姿《すがた》を消してしまいます。写楽のデビューからいなくなるまで、この間、わずか10か月。以来《いらい》、写楽はだれなのかは、今も日本美術《にほんびじゅつ》界最大《かいさいだい》のなぞとなっています。

見開《みひら》いた目、大きな鼻。役者《やくしゃ》の一瞬《いっしゅん》を閉《と》じこめた写楽《しゃらく》の浮世絵《うきよえ》

うひょー、歌麿《うたまろ》あにさんの取《と》り澄《す》ました感じの浮世絵（132ページ）とは大ちがいだぜ！

東洲斎写楽《とうしゅうさいしゃらく》「阿波《あわ》の能役者《のうやくしゃ》・斎藤十郎兵衛《さいとうじゅうろべえ》」説《せつ》

「写楽《しゃらく》はだれか!?」を巡《めぐ》っては、古くから葛飾北斎説《かつしかほくさいせつ》から蔦屋重三郎《つたやじゅうざぶろう》その人説までさまざまな人が挙《あ》げられてきました。最近《さいきん》では、江戸八丁堀《えどはっちょうぼり》（中央区《ちゅうおうく》）に住んでいた阿波《あわ》（徳島県《とくしまけん》）の能役者《のうやくしゃ》・斎藤十郎兵衛説《さいとうじゅうろべえせつ》が有力視《ゆうりょくし》されているよ。理由《りゆう》の一つが名前《なまえ》です。「斎藤十郎兵衛」をかなで書くと当時《とうじ》はにごった音は書かないので「さいとうしゅうろへえ」。「東洲斎」の「斎」を頭に持ってくると「さいとうしゅう」。「〝さいとう〟こそが〝(とう) しゅう (さい)〟」になるからです。判《はん》じ絵《え》は浮世絵《うきよえ》のりっぱな一部門《いちぶもん》。名前も判じ物《もの》にしたというのです。さて、きみはどう思う？

浮世絵《うきよえ》の巨人《きょじん》たち・「錦絵《にしきえ》」の生《う》みの親

鈴木春信《すずきはるのぶ》（1725〜1770年）

浮世絵《うきよえ》のお父さんが菱川師宣《ひしかわもろのぶ》（92ページ）なら、鈴木春信《すずきはるのぶ》は浮世絵の「恩人《おんじん》」といっていいかもしれません。

浮世絵への春信最大《さいだい》のお手柄《てがら》は、わずか数《すう》色《しょく》のものだった「紅《べに》ずり絵《え》」を、たくさんの版木《はんぎ》を使うことでカラー化《か》したこと。色を自《じ》由《ゆう》に操《あやつ》れるようになったことで錦絵《にしきえ》は多くの才能《さいのう》を引きつけ、さまざまな表現方法《ひょうげんほうほう》が生まれることになりました。そこからすぐれた作《さく》品《ひん》が誕生《たんじょう》し、ついには日本が誇《ほこ》る芸術《げいじゅつ》となったからです。

そんな春信が得意《とくい》としたのが、中国美術《ちゅうごくびじゅつ》の影響《えいきょう》を受《う》けたとされる美人画《びじんが》や、恋《こい》する男女を描《えが》いた浮世絵です。

特《とく》に細身《ほそみ》でかれんに描かれた女性《じょせい》の姿《すがた》は大《だい》評判《ひょうばん》に。笠森稲荷《かさもりいなり》（台東区《たいとうく》）の門前《もんぜん》にあった茶屋《ちゃや》「鍵屋《かぎや》」の看板《かんばん》むすめ・お仙《せん》を描くと、鍵屋はお仙見たさのお客であふれ返り、店は話題《わだい》のスポットに。お仙は「明和《めいわ》（1764〜1772年）三美人《さんびじん》」の一人《ひとり》とされたすごい美人《びじん》で、ついにはお仙人形やお仙すごろくまで売り出されるほどになります。春信は浮世絵師《し》にして、日本最初《さいしょ》のスゴ腕広告《うでこうこく》マンといっていいでしょう。

こうした功績《こうせき》もあり、春信は前に紹介《しょうかい》した鳥居清長《とりいきよなが》（130ページ）や喜多川歌麿《きたがわうたまろ》（132ページ）、東洲斎写楽《とうしゅうさいしゃらく》（134ページ）、そしてこれから紹介する葛飾北斎《かつしかほくさい》（138ページ）、歌川広重《うたがわひろしげ》（140ページ）とならんで、「六大《ろくだい》浮世絵師《うきよえし》」の一人《ひとり》とされているんだ。

浮世絵《うきよえ》の大恩人《だいおんじん》ともいえるのがこの人
「錦絵《にしきえ》」の人気爆発《にんきばくはつ》は春信《はるのぶ》が
成功《せいこう》させたカラー化《か》にあったからだよ

元祖《がんそ》「会えるアイドル」お仙《せん》を描《えが》いて人気浮世絵師《にんきうきよえし》に！

錦絵《にしきえ》カラー化《か》を助けた3人の文化人《ぶんかじん》たち

新しい技術《ぎじゅつ》の開発《かいはつ》には、時間《じかん》とお金がかかるもの。浮世絵《うきよえ》もそれは同じで、わずか数色だった紅《べに》ずり絵《え》を「錦絵《にしきえ》」にする手助《てだす》けをしたのが、お金に糸目《いとめ》をつけなかった3人の文化人《ぶんかじん》。つまりは旗《はた》本《もと》で俳句《はいく》を愛《あい》した大久保巨川《おおくぼきょせん》、同じく俳人《はいじん》の阿部八之進《あべはちのしん》、薬問屋《くすりどんや》の主人《しゅじん》だった小松屋百亀《こまつやひゃっき》です。3人は春信《はるのぶ》とともに「見当法《けんとうほう》」という版木印刷《はんぎいんさつ》の新技術を開発します。カラーにするには異《こと》なる色をつけた版木を色数分だけきちんと重ねて印刷する必要《ひつよう》があります。これを版木のすみに目印《めじるし》とする小さなほりを入れることで可能《かのう》にしたのです。春信とともに、浮世絵の大恩人《だいおんじん》といえるでしょう。

浮世絵《うきよえ》の巨人《きょじん》たち・浮世絵《うきよえ》といえばこの人！

葛飾北斎《かつしかほくさい》（1760〜1849年）

日本が誇《ほこ》る世界的画家《せかいてきがか》が北斎《ほくさい》 実《じつ》はこの巨匠《きょしょう》も 重三郎《じゅうざぶろう》と出会《であ》っていたよ

浮世絵《うきよえ》はもちろん、絵のお手本本《てほんぼん》『北斎漫画《ほくさいまんが》』や肉筆画《にくひつが》※まで、90年近い生涯《しょうがい》で3万4000点を越《こ》える作品《さくひん》を生み出したのが葛飾北斎《かつしかほくさい》だよ。

北斎作浮世絵《うきよえ》の最大《さいだい》の魅力《みりょく》が「北斎ブルー」とたたえられる美しい青色。ドイツのベルリンで発明《はつめい》されたことから「ベロ藍《あい》」と呼《よ》ばれる西洋《せいよう》の絵《え》の具《ぐ》を使った色のことです。

北斎はあざやかで深みのあるこの絵の具を代表作《だいひょうさく》の「富嶽三十六景《ふがくさんじゅうろっけい》」の空や海に惜《お》しげもなく使い、空の青色が高さによって変化《へんか》する様子《ようす》や、海水の冷《つめ》たさをきわだたせました。

特《とく》にベロ藍の効果《こうか》を存分《ぞんぶん》に発揮《はっき》した《神奈川沖浪裏《かながわおきなみうら》》は、あのモナリザに匹敵《ひってき》する世界《せかい》的名画《てきめいが》だと絶賛《ぜっさん》する専門家《せんもんか》も少なくないほどだよ。

「富嶽三十六景」や『北斎漫画』などの代表作こそ重三郎のもとで発行《はっこう》していませんが、実はこの巨匠《きょしょう》もまた、蔦屋重三郎《つたやじゅうざぶろう》と出会っています。

北斎がまだ30代だったころ、重三郎が亡《な》くなった翌々年《よくよくねん》の寛永《かんえい》11（1799）年発行の、狂歌本《きょうかぼん》のさし絵を描《えが》いているのです。二人の出会いは北斎がまだ20代《だい》で、勝川派《かつかわは》（130ページ）の画家《がか》として勝川春朗《しゅんろう》と名乗《なの》っていたころのことだとされています。

重三郎は北斎がまだこんなに若《わか》かった時代《じだい》から、彼《かれ》のたぐいまれな才能《さいのう》に気づいていたのかもしれません。

※肉筆画……画家《がか》が紙に筆《ふで》で直接《ちょくせつ》描いた絵のこと

世界《せかい》でもっとも有名《ゆうめい》な、日本の絵がこれ

新・千円札《せんえんさつ》の裏面《うらめん》だけでなく、
パスポートにもこの絵が柄《がら》と
して使われているんだぜ

オークションではなんと3億《おく》6000万円の値《ね》が！

今にもすべてを飲み込《こ》まんばかりに砕《くだ》ける大波《おおなみ》と、おそれることなく小舟《こぶね》で大自然《だいしぜん》にいどむ人びと。背景《はいけい》には悠然《ゆうぜん》とそびえる富士山《ふじさん》と、どこまでも続《つづ》く青い空……。動《どう》と静《せい》を1枚《まい》に凝縮《ぎょうしゅく》した《神奈《かな》川沖浪裏《がわおきなみうら》》は、海外《かいがい》では「グレート・ウエーブ（大波《おおなみ》）」と呼《よ》ばれ、もっとも有名《ゆうめい》な日本画《にほんが》の1枚です。2023年、ニューヨークで行われたオークションに出品《しゅっぴん》され、6人の大金持《おおがねも》ちが競《せ》り合《あ》った結果《けっか》、280万ドル（およそ3億《おく》6000万円《まんえん》）で落札《らくさつ》されました。生涯《しょうがい》、お金には苦労《くろう》していたという北斎《ほくさい》。この金額《きんがく》を聞いたら、きっとびっくりしたことでしょうね！

浮世絵《うきよえ》の巨人《きょじん》たち・江戸《えど》情緒《じょうちょ》を描《えが》いた浮世絵師《うきよえし》

歌川広重《うたがわひろしげ》（1797〜1858年）

江戸《えど》のなにげない風景《ふうけい》を浮世絵《うきよえ》とすることで永遠《えいえん》の芸術《げいじゅつ》に

葛飾北斎《かつしかほくさい》が雄大《ゆうだい》な富士《ふじ》を背景《はいけい》に風景画《ふうけいが》を完成《かんせい》させれば、身近《みぢか》な日常《にちじょう》を一編《いっぺん》の詩のような浮世絵《うきよえ》にして見せたのが、歌川広重《うたがわひろしげ》だよ。

広重の代表作《だいひょうさく》といえば、なんといっても「東海道五十三次《とうかいどうごじゅうさんつぎ》」でしょう。五街道《ごかいどう》（24ページ）の一つ、東海道《とうかいどう》の53の宿場《しゅくば》の風景に、出発地《しゅっぱっち》の日本橋《にほんばし》と到着地《とうちゃくち》の三条大橋《さんじょうおおはし》を加《くわ》えた55枚《まい》のこの絵は、蔦屋重三郎《つたやじゅうざぶろう》のもとで働《はたら》いていた十返舎一九《じっぺんしゃいっく》（102ページ）の『東海道中膝栗毛《とうかいどうちゅうひざくりげ》』に影響《えいきょう》されて描《えが》かれたもの。あのこっけいな物語《ものがたり》が、広重の手にかかると情感《じょうかん》ゆたかな詩のような1枚に姿《すがた》を変《か》えること。そして細い糸のようにつながる重三郎との縁《えん》に、驚《おどろ》かずにはいられません。

画家《がか》としての仕事《しごと》を役者絵《やくしゃえ》から始め、美人画《びじんが》も描いた広重ですが、年老《としお》いてから描いたもう一つの代表作「名所江戸百景《めいしょえどひゃっけい》」では、風景《ふうけい》を大胆《だいたん》な角度《かくど》や、鳥瞰図《ちょうかんず》（空を飛ぶ鳥が見ているような、上から下を見下ろすような視点《してん》）で描いています。これらには富士《ふじ》をさまざまな角度《かくど》から描《えが》いた北斎（138ページ）の影響《えいきょう》があると言われているよ。

広重は安政《あんせい》5（1838）年に62歳《さい》で亡《な》くなりますが、辞世《じせい》の句《く》※を残しています。「東路《あずまじ》へ　筆《ふで》を残《のこ》して　旅の空　西の御国《みくに》の名《な》どころを見ん（この世に筆《ふで》を残《のこ》して行かなければならないとはなんと残念《ざんねん》。西方浄土《さいほうじょうど》※の名所《めいしょ》を見る旅が始まるのに）」。

どうやら広重は、骨《ほね》の髄《ずい》まで風景画家だったようです。

※辞世の句……亡《な》くなる前に、人生《じんせい》を振《ふ》り返《かえ》って読む俳句《はいく》などのこと　※西方浄土……西のかなたにあるとされる極楽浄土《ごくらくじょうど》のこと

しんしんと降《ふ》り積《つ》もる雪の中を、人びとが行き過《す》ぎる

広重《ひろしげ》と北斎《ほくさい》、二人《ふたり》はライバル！

歌川広重《うたがわひろしげ》の風景画家《ふうけいがか》としてのデビューは、「名所江戸百景《めいしょえどひゃっけい》」とは別《べつ》の名所シリーズ「東都名所《とうとめいしょ》」です。ところが評判《ひょうばん》はイマイチ。実《じつ》はこの年の天保《てんぽう》2（1831）年、葛飾北斎《かつしかほくさい》が「富嶽三十六景《ふがくさんじゅうろっけい》」（138ページ）を発表《はっぴょう》したからでした。北斎の最高傑作《さいこうけっさく》に世間《せけん》は圧倒《あっとう》、広重もまた、72歳《さい》の北斎が描《か》いたすばらしい作品に大きなショックを受《う》けたようです。でも、これでくじけるような広重ではありません。自分《じぶん》だけの風景画《ふうけいが》を探《さが》し始めました。2年後、その結果《けっか》として発表したのが「東海道五十三次《とうかいどうごじゅうさんつぎ》」。広重は北斎から刺激《しげき》を受け、自分《じぶん》の芸術《げいじゅつ》を高めていったのです。

知っとコーナースペシャル その四

幕末《ばくまつ》に咲いたあだ花※ 横浜絵《よこはまえ》

蔦屋重三郎《つたやじゅうざぶろう》が亡《な》くなっても浮世絵《うきよえ》は終わりません 「報道絵《ほうどうえ》」としての役割《やくわり》が待っていました

私たちが生きる浮世《うきよ》の様子《ようす》を描《えが》いた浮世絵《うきよえ》は、幕末期《ばくまつき》（1853〜1867年）になると題材《だいざい》を変えていきます。

嘉永《かえい》6（1853）年にアメリカ軍司令官《ぐんしれいかん》・ペリーが来航《らいこう》。安政《あんせい》2（1855）年には大地震《おおじしん》が起《お》こるなど大事件《だいじけん》が多発《たはつ》し、人びとは混乱状態《こんらんじょうたい》になりました。不安《ふあん》に駆《か》られた人たちの欲求《よっきゅう》を満《み》たすように、浮世絵も、そのかたちを変えていきます。歌舞伎役者《かぶきやくしゃ》の姿《すがた》や江戸名所《えどめいしょ》といったものから、事件事故《じけんじこ》を知らせる「報道絵《ほうどうえ》」へと姿《すがた》を変えていったのです。たとえば安政《あんせい》2（1855）年に大地震《だいじしん》が起《お》こると、その様子《ようす》を描いた浮世絵がたちまち登場《とうじょう》。被災者《ひさいしゃ》を助ける「御救小屋《おすくいごや》」の場所《ばしょ》を描いたものは、飛《と》ぶように売れました。

「横浜絵《よこはまえ》（開化絵《かいかえ》とも言われる）」も、そんな報道絵から誕生《たんじょう》した浮世絵でした。

題材となったのは、安政《あんせい》5（1858）年、幕府《ばくふ》とアメリカの間での貿易《ぼうえき》を決めた日米《にちべい》修好通商条約《しゅうこうつうしょうじょうやく》をきっかけにやってきた、異国《いこく》の人びとやその日本での生活《せいかつ》ぶり。世界《せかい》への窓口《まどぐち》となった横浜の発展《はってん》や、見たこともなかった蒸気車《じょうきしゃ》（蒸気機関車《きかんしゃ》）が煙《けむり》を吐《は》いて爆走《ばくそう》する様子《ようす》などです。日本人は、横浜絵を通して最新情報《さいしんじょうほう》を手に入れていったのです。

制作《せいさく》したのは、3代目歌川広重《だいめうたがわひろしげ》（1842〜1894年）や歌川貞秀《さだひで》（1807〜？）、歌川芳虎《よしとら》といった浮世絵師《し》たち。葛飾北斎《かつしかほくさい》や初代《しょだい》歌川広重《ひろしげ》といった名《めい》浮世絵師たちはすでに亡《な》く、その弟子《でし》にあたる人たちでした。

※あだ花……実がならない花の意味《いみ》から転《てん》じて、美しくてもはかなく散《ち》っていった花や物事《ものごと》のことをいう

横浜絵《よこはまえ》の歌川芳虎《うたがわよしとら》、亜墨利加人《あめりかじん》を描《えが》く

横浜絵《よこはまえ》の第一人者《だいいちにんしゃ》・歌川芳虎《うたがわよしとら》

横浜絵《よこはまえ》で活躍《かつやく》した一人《ひとり》が歌川芳虎《うたがわよしとら》（1836?〜1880年?）。草双紙《くさぞうし》のさし絵から大首絵《おおくびえ》まで幅広《はばひろ》く手がけていましたが、横浜が開港《かいこう》して西洋人《せいようじん》が来日《らいにち》すると、これにいち早く目をつけます。寄留《きりゅう》地《ち》※にやってきたサーカス団《だん》や、イギリスで作られた絵を参考《さんこう》に《英吉利国《イギリスこく》ロン頓図《ドンず》》というロンドンの風景《ふうけい》を描《えが》いた浮世絵を制作《せいさく》すると、これが評判《ひょうばん》に。上に挙《あ》げたアメリカ人の絵も、横浜を訪《おとず》れたさまざまな国の人びとを描いた芳虎の浮世絵集『万国尽《ばんこくづくし》』からのもの。当時《とうじ》の日本人は、こうした異国情緒《いこくじょうちょ》あふれる浮世絵から世界《せかい》に目を向けていったのです。

※寄留地……外国人《がいこくじん》が住んだ、自分《じぶん》の国以外《いがい》の場所《ばしょ》のこと

伊藤賀一（いとう・がいち）
法政大学文学部卒業後、43歳で早稲田大学教育学部を再受験し卒業。東進ハイスクール等を経て、現在はオンライン予備校「スタディサプリ」で日本史ほか9科目を担当する「日本一生徒数の多い社会科講師」。『アイム総理』（KADOKAWA）、『くわしい中学公民』（文英堂）など著書多数。

いとうみつる
ほのぼのとした雰囲気のなか、“ゆるくコミカル”な感覚のキャラクターが人気のイラストレーター。『栄養素キャラクター図鑑』をはじめとするキャラクター図鑑シリーズ（日本図書センター）、『こどもおしごとキャラクター図鑑』（宝島社）など著書多数。

千羽ひとみ（せんば・ひとみ）
フリーランスのエディター兼ライター。雑誌・単行本を中心に執筆。著書に『ダイバーシティとマーケティング』（宣伝会議）、『幸せ企業のひみつ』（佼成出版社）、『キャラ絵で学ぶ！ 源氏物語図鑑』（すばる舎）など。

キャラ絵で学ぶ！ **江戸の暮らしと文化図鑑**

2024年11月20日　第1刷発行

監修：**伊藤賀一**
絵：**いとうみつる**
文：**千羽ひとみ**

発行者：**徳留慶太郎**
発行：株式会社 **すばる舎**
〒170-0013 東京都豊島区東池袋3-9-7 東池袋織本ビル
TEL. 03-3981-8651（代表）／03-3981-0767（営業部）
FAX.03-3981-8638
URL　https://www.subarusya.jp/

出版プロデュース：中野健彦（ブックリンケージ）
デザインDTP：秋山京子
校正：田中理恵
編集担当：菅沼真弘（すばる舎）

印刷・製本：株式会社光邦

ISBN978-4-7991-1266-3

【参考資料】
江戸時代 テーマ別だから政治も文化もつかめる（だからわかるシリーズ）／朝日新聞出版
面白くてよくわかる 新版江戸の暮らし／日本文芸社
大江戸24時間八百八町の暮らしを大解剖／中央公論新社
絵が語る 知らなかった江戸のくらし 庶民の巻／遊子館（万来舎）
江戸の糞尿学／作品社
決定版 日本の名城1江戸城／デアゴスティーニ・ジャパン
江戸時代大百科2 江戸の町と人びとのくらし／ポプラ社
江戸時代大百科6 江戸の文化／ポプラ社
調べ学習日本の歴史14 町人の研究／ポプラ社
絵解き江戸の暮らし 浮世絵・戯作と書入れでよくわかる！／学研プラス
ビジュアル入門 江戸時代の文化 江戸で花開いた化政文化／河出書房新社
調べ学習に役立つ 人物・遺産でさぐる日本の歴史10農民・町民とその文化江戸時代2／小峰書店
浮世絵の解剖図鑑 江戸の暮らしがよく分かる／エクスナレッジ
ＮＨＫニッポンときめき歴史館6／ＮＨＫ出版
教えてコバチュウ先生！ 浮世絵超入門／小学館
日本銀行金融研究所 貨幣博物館ＨＰ
Teioコレクション京都故実研究会ＨＰ
Wikipedia

『むかしの農具展』展示解説／神戸深江生活文化史料館刊
江戸城二丸御殿／東京都江戸東京博物館紀要第5号2015年3月畑尚子
江戸幕府「年頭御礼」の仕組みと格式―延宝・元文・天保期の比較を通して／深井雅海
不夜城の十二時：近世遊里における時間意識／ケンブリッジ大学 Angelika Koch

【協力・提供】
東京都公文書館「旧江戸朱引内図」
江東区深川江戸資料館
中村宣夫